Eckpunkt

DIE RETTUNG DES HOLSTENTORS – Lübeck um 1860: „Reißt das Holstentor ein!", fordert die Mehrheit der Bürgerschaft. Es sei funktionslos geworden und würde, mit Blick auf den jüngst daneben errichteten Bahnhof, das zeitgemäße Bild der Stadt stören. Doch es ist auch eine Zeit, in der die eigene Vergangenheit immer stärker ins Bewusstsein der Lübecker rückt. So bleibt es nicht aus, dass sich Befürworter und Gegner des Abrisses mit allen Mitteln, einschließlich krimineller, befehden. Es sieht nicht gut aus für die Gegner. Aber das Blatt wendet sich, als eine geheimnisvolle Straßenmusikerin mit ihrer blauen Geige ein Benefizkonzert für das Holstentor gibt und damit eine erfolgreiche Karriere startet. - Doch jeder Höhenflug birgt auch die Gefahr des Scheiterns in sich ...

Abitur in Hannover. Studium in Berlin. Mehrere Jahre als Tonmeister in Musikstudios und als Musikproduzent tätig. Dann Aufbaustudium an der Musikhochschule Lübeck. Unterricht in Musik und Physik. Als Leiter der Schulchöre verantwortlich für eine überregional beachtete Chorarbeit. In Büchern und Fachzeitschriften Publikationen zur Musikpädagogik sowie Chorarrangements. Promotion über das Thema "Schule in der Musik". Seit 2010 Autor von Kriminal- und Historischen Romanen sowie Reiseführern.

Weitere Romane:
- *Schattengold* (2010)
- *Der Klang der Erde* (2011)
- *Schattenmenagerie* (2012)
- *Die verschollene Jungfrau* (2012)
- *Brüllbeton* (2013)
- *Fluchtvögel* (2014)
- *Mauerriss* (2014)
- *Der Tod der Bänkelsängerin (2015)*
- *OstseeClan (2016)*

Dieter Bührig

Die Geigerin vom Holstentor

Roman

Eckpunkt-Verlag

© 2017 Eckpunkt-Verlag, Stockelsdorf
www.eckpunkt-verlag.de
Coverfoto: Dieter Bührig (mit freundlicher Unterstützung durch die Musik- und Kunstschule Lübeck und
durch das Auktionshaus *Die Eiche* Lübeck)
Lektorat: Anna Kociscak

ISBN 978-3-00-057948-6

Kapitel 1 – Mauerrisse

Zuerst rieselte nur etwas Mörtel herunter, feinkörnig wie der Sand am nahen Ostseestrand, durch den sie, wenn sie Zeit hatte, oft barfuß gewandert war. Bald folgten kleinere Steinbrocken, die beim Aufprall in tausend Teile zerbrachen.

Es war nicht das erste Mal, dass das passierte. Die Straßenmusikerin hörte mitten im Spiel auf und sprang erschrocken zur Seite.

»Nicht schon wieder!«

Stürzte jetzt das Holstentor ein? Manch Lübecker hatte das vorausgeahnt und gefordert, die baufällige Halbruine endlich abzureißen, bevor Schlimmeres passierte.

Die junge Frau schaute besorgt nach oben, doch der stämmige Riese stand nach wie vor breitbeinig und erhaben vor ihr. Wie seit fast 400 Jahren. Und ausgerechnet heute sollte er seinen Geist aufgeben?

So schnell geht die Welt nicht unter, dachte sich die Geigerin und kehrte wieder zurück zum Tordurchgang, wo der Notenständer und die Trinkgeldschale standen. Doch kaum hatte sie ihr Lied erneut angestimmt, schlug gleich neben ihr ein faustdickes Bruchstück aus dem oberen Sims wie ein Meteorit ein.

Also doch! Sie ließ ihre Trinkgeldschale im Stich und lief aufs Vorfeld. Dabei stieß sie mit der einäugigen Genoveva zusammen, einer stadtbekannten Kuchenfrau, die vor dem Tor ihre Backwaren mithilfe eines Bauchladens feilbot. Noëlle rempelte die Frau an, sodass ein paar Brötchen und Brezel auf den Boden kullerten.

»Herrgott, das ist der Tag des Jüngsten Gerichts!«, keifte die Alte mit schriller Stimme und klammerte sich an die Musikerin. »Das Holstentor bricht zusammen! Dass ich das noch erleben muss. So weit ist es mit unserer alten Hansestadt gekommen.«

Dem Steinbrocken folgten noch ein paar nussgroße Teile aus dem Terrakottarelief, dann war wieder Ruhe.

»War doch ganz harmlos. Hat schon wieder aufgehört«, versuchte Noëlle die Alte zu beruhigen, als ob es sich nur um einen Regenschauer gehandelt hatte. Dennoch flüchteten beide zu einem kleinen Mauerrest der einstigen Wehranlage, wo sie sich in sicherer Entfernung zum brüchigen Tor niederließen. Die in den Staub gefallenen Backwaren waren für den Augenblick ebenso vergessen wie die Noten und das Trinkgeld.

»Harmlos? Mein Mann, Gott hab´ ihn selig, hat immer gesagt: Mit Lübeck geht´s bergab. Wenn das Holstentor fällt, stirbt die Stadt, denn wenn der Mensch die Vergangenheit nicht achtet, hat er kein Recht auf die Zukunft.«

Die Alte angelte sich zwei Stücke Zuckerguss aus dem Korb. »Hier, probier mal. Eigene Produktion, da weiß man wenigstens, was man hat.«

Genießerisch nagte sie an dem Kuchen. Noëlle machte sich dankbar über das andere Stück her, denn sie hatte seit heute Morgen nichts gegessen. Der Alltag einer Straßenmusikerin ist alles andere als ein Luxusleben.

»Und er hatte recht, mein Mann. Erst haben sie einen Teil der Wallanlagen platt gemacht, um die unseligen Eisenbahnschienen samt Bahnhof vor das Stadttor zu bauen. Als mein Mann dagegen protestierte, verlachte man ihn und meinte, das sei naive Schwärmerei für Mauerreste vergangener Zeiten. Und vor zwei Jahren war das Krumme Tor dran. Kannst du dich daran noch erinnern?«

»Na klar, das Tor mit der wunderschönen Renaissancefassade, unmittelbar vor dem eigentlichen Holstentor.«

Noëlle konnte die Wehmut der Alten gut verstehen. »Als man es samt seinen Anbauten abriss, lag einem jeder abgetragene Ziegelstein schwer im Magen. Es war, als ob man einen alten Bekannten in tausend Stücke zerfetzen würde. Dabei war das Tor samt der Lindenallee davor einer der schönsten Orte Lübecks.«

Jetzt kam auch Genoveva, die sich beruhigte, als sie sah, dass das Holstentor nicht zusammenbrach, ins Schwärmen. »Genau. Weißt du noch, wie die Reitenden Diener dort ihre Buden hatten und Bier und Schnaps ausschenkten?«

»Ja, auch Grog durften sie brauen. Der tat einem gut, wenn man in den Herbsttagen mit kalten Fingern die Geige fiedeln musste.«

Noëlle langte in den Korb der Kuchenfrau und genehmigte sich, ohne zu fragen, einen weiteren Zuckerkringel. Die Alte störte das nicht. »Du bist doch die Geigerin, die mir so oft die Zeit mit Musik vertrieben hat, wenn ich hier stand und auf Kundschaft wartete.«

Auch sie bekam Appetit auf einen Kringel und schlang ihn gierig hinunter. »Deine Töne haben die Leute angelockt, auch wenn es immer wieder die gleichen Melodien waren. Du warst für mich die beste Werbetrommel.«

»Ja. Früher, als sich die Leute noch durch das Krumme Tor und anschließend durch das Holstentor zwängen mussten, war das Leben besser. Da konnten sie weder den Backwaren noch der Musik ausweichen. Doch seitdem das Tor und die Wallanlagen drum herum abgerissen sind, machen sie einen weiten Bogen. Die heutige Zeit ist trostlos.«

»Du hast recht. Ich erinnere mich noch genau an den Tag, als man das Krumme Tor abriss. Als sich der Staub von den Bauarbeiten gelegt hatte, stand plötzlich das Holstentor wie ein alter Mann vor mir, dem man die Hose runtergezogen hatte, und der nicht wusste, wie er seine Scham verdecken sollte. Neue Zeiten brauchen neue Kleider, sagte man. Und ich fürchte, bald wird man auch dem alten nackten Mann den Rest geben.«

*

Genoveva verschwand grummelnd in die Vorstadt St. Lorenz. Heute war vor dem Tor kein Geschäft mehr zu machen. Noëlle kehrte zu ihrem Spielort zurück, entspannte den Bogen und steckte ihn samt ihrer graubraunen Geige, den Noten und dem Notenständer in den abgegriffenen ledernen Sack. Missmutig nahm sie die Trinkgeldschale und zählte die Tageskasse.

»Ist heute wieder nicht viel geworden. Wenn das so weitergeht, wird es Zeit sich einen neuen Standplatz zu suchen«, brummte sie vor sich hin. »Vielleicht auf dem Marktplatz.«

Sie schulterte den Sack und ging die Holstenstraße hinauf in Richtung Rathaus. Auf halbem Wege kam ihr ein Doppelspänner entgegen, der die Straße in voller Fahrt herunter rauschte. Die Räder peitschten durch eine Schlammpfütze, die sich zur Trave hinabwälzte, sodass Noëlle einen kräftigen Schwall der schmutzigen Brühe abbekam. Der Fahrer schien es nicht bemerkt zu haben und drosselte seine Geschwindigkeit erst, als er die Kurve um das Holstentor nehmen musste.

»Verdammter Kerl«, rief Noëlle hinter ihm her. »Kannst du nicht aufpassen? Jetzt ist die Konzertkleidung ruiniert.«

Das war doch der Großjan junior, fiel ihr ein. Ein hübscher Bursche, aber leider standesmäßig nicht ihre Tonlage. Sie blickte ihm wehmütig nach.

Der kleine Zwischenfall war schnell vergessen. Von hier oben sah das Holstentor aus wie eine runzlige Kröte mit zwei überdimensionalen Augäpfeln, denen man, als wäre Karneval, zwei Spitzhüte übergestülpt hatte. Die meisten Fensterbögen waren zugemauert. Im Mauerwerk klafften unübersehbare Risse. Die Umrandung der Geschütznischen bröckelte ebenso wie die Simse und der reich verzierte Terrakottafries. Die Spitzhutdächer wiesen Löcher auf, weil schon mehrere Dachziegel herabgefallen waren. Das einstige Rot der Backsteine hatte sich in ein schmutziges Grau verwandelt. Nur die Stellen schimmerten hell, an denen früher Buden und Vor-

9

bauten angebracht waren, welche man vor wenigen Jahren abgerissen hatte.

Rechter Hand, im Holstenhafen, ragten die Masten der hochseetüchtigen Segelschiffe empor, den Krabbenkuttern und den Gaffelschonern. Sie machten den Spitzhüten des Holstentors Konkurrenz.

Linker Hand dösten die Salzspeicher vor sich hin. Schief lehnten sich die sechs Backsteingiebelhäuser aneinander und sahen aus, als müssten sie sich wie altersschwache Rentner gegenseitig stützen. Ein Teil der Häuser diente schon seit Jahrhunderten als Salzspeicher. In anderen lagerte Getreide, und gelegentlich hatte man auch Holz gestapelt.

Noëlle bog von der Holstenstraße ab und schlenderte ziellos durch die engen, kopfsteingepflasterten Gassen zur Ostseite des Stadthügels. An einen Auftritt auf dem Marktplatz war angesichts der schmutzigen Kleidung nicht zu denken.

Hier roch es nach feuchter Wäsche und Kohleintopf. Ein paar Kinder spielten unbesorgt Ball, ohne sich um die fahlen Scheiben der butzigen Kleinkrämerläden oder die Häuflein von Hundekot zu kümmern, die ab und an den Rinnstein säumten.

Dann ging sie zur Westseite. Hier änderte sich das Bild. Noëlle bewunderte die gotischen Backsteintreppengiebel mit den fensterlosen Blenden, die sich die Handwerker und Kaufleute teuer ausbauen ließen. Dadurch erschien ihr Haus größer und wichtiger. Hinter der leeren Fassade versteckte sich allenfalls ein steiles, unbewohnbares Dachgeschoss.

Noëlle blieb vor der Schaufensterscheibe einer Bäckerei in der Alfstraße stehen. Es war nicht die verführerische Auslage an Kuchen und Teigwaren, die sie anlockte, sondern ihr eigenes Spiegelbild, das die Scheibe dank der günstigen Lichtverhältnisse scharf reflektierte.

»Alt siehst du aus«, raunte sie ihrem Ebenbild zu. »Alt und verschlissen. Die ausgediente marineblaue Jacke mit den abgerissenen Knöpfen und den ausgefransten Knopflöchern hat schon bessere Zeiten erlebt. Und mager bist du geworden. Hast dir lange kein ordentliches Essen mehr leisten können. Überhaupt, mit den müden Augen und den Falten um die Mundwinkel kommst du dir vor wie deine eigene Großmutter. Du müsstest dringend zum Friseur. Die einst dunkelbraunen langen Haarlocken haben sich in einen speckigen, ungepflegten Feudel verwandelt. Kein Wunder, dass die Leute so wenig Geld in die Trinkgeldschale werfen, obwohl du dir das Herz aus der Seele fiedelst.«

Fast war sie versucht, einen Stein zu nehmen und die Schaufensterscheibe einzuschlagen. Doch glücklicherweise trat in dem Moment die Bäckersfrau vor die Tür. Sie schaute Noëlle mit strenger Miene an, als wollte sie sagen:

Betteln und Hausieren verboten.

*

Das Burgtorviertel kannte sie gut. Umso erstaunter war sie, als sie zwischen zwei windschiefen Backsteinhäusern einen schmalen Durchgang entdeckte, den sie zuvor nie wahrgenommen hatte. Wahrscheinlich war die Pforte stets verschlossen gewesen.

Ein magisches Leuchten erfüllte den Gang. Das gelbliche Flimmern ging von einem Doppelfenster des Hinterhauses aus, aus dessen Obergeschoss Geigenklänge drangen, verhalten, aber dennoch obertonreich, als spielte jemand auf einer Glasharfe.

Neugierig trat Noëlle durch das Eingangstor. Sie musste sich bücken. Außer dem Licht im Hinterhaus und der Musik spürte sie keinerlei Anzeichen von Leben.

Hinter den beiden beleuchteten Schaufenstern waren verschiedene Musikinstrumente ausgelegt, Geigen, Flöten, Trompeten. In einem Regal befanden sich Noten und Musikbücher. Alles machte einen ungeordneten Eindruck, etwas verstaubt und versponnen. Ein paar tote Fliegen lagen in den Kehlen der Schaufenster.

Ein mattes Messingschild hing neben der Tür: *Balthasar Silbermann, Musikalien.*

Nie gehört, wunderte sich Noëlle, obwohl sie sich in der Lübecker Musikwelt gut auskannte. Und so wie es aussieht, muss der Laden nicht gerade gut laufen.

Die Geigen, die im Hintergrund unter der Decke hingen, interessierten sie. Sie beschloss, sie sich näher anzusehen. Mutig trat sie durch die Ladentür. Eine Glocke klingelte leise irgendwo.

Die Musik im Obergeschoss hörte schlagartig auf.

Im ersten Moment fiel es Noëlle schwer, sich zu orientieren. Der Verkaufsraum bestand aus mehreren Abteilungen, die offenbar dadurch entstanden waren, dass man die Zwischenwände einer Mehrzimmerwohnung teilweise eingerissen, teilweise zu unterschiedlich großen Durchreichen verbaut hatte. Die Wände waren mit verschiedenen kleinen und großen Spiegeln bedeckt, die meisten von ihnen blind und verstaubt. Tapeten und Bilderrahmen gab es nicht.

Wie ein in die Jahre gekommenes Spiegelkabi-
nett.

Im Laden roch es nach muffigem Stoff und altem
Lack. Kein Verkäufer eilte auf sie zu, niemand schien
sich um das Klingeln zu kümmern.

Noëlle nahm wahllos eine der Geigen in die
Hand. Kein Preisschild, kein Markenzeichen. Hoff-
nungslos verstimmt.

Auf dem Ladentisch lagen neben der offenen leeren Kasse ein Geigenbogen und etwas Kolophonium.
Sie spannte den Bogen und strich ihn mit dem Kolophonium ein. Dann stimmte sie das Instrument so gut
es ging.

Sie improvisierte ein paar Kadenzen. Klingt nicht
schlecht, fand Noëlle, jedenfalls besser als das Jetzi-
ge. Doch etwas näselnd und viel zu leise, um damit
Straßenmusik zu machen.

Kaum hatte sie das Instrument zurückgehängt,
öffnete sich die Tür zu einem Hinterzimmer und ein
Mann unbestimmbaren Alters erschien, der genauso
aussah, wie sich Noëlle einen Herrn Silbermann vor-
stellte. Von kleinem Wuchs, mit einer silbernen
Haarmähne und mit einem weisen Lächeln, sowie mit
Augäpfeln, in denen sich der Raum spiegelte, wie bei
den Kugeln einer Wahrsagerin. Er steckte in einer
schmutzig braunen Handwerkerkluft und roch entsetzlich nach Kautabak.

»Suchen Sie etwas Bestimmtes?« Seine Stimme
klang genauso näselnd wie seine Geige.

»Nein, nein«, wehrte Noëlle ab. »Wollte nur mal
vorbeischauen.«

»Hat mich denn jemand empfohlen?«

»Nein, nein, nicht direkt. Als Straßenmusiker ist man eigentlich immer auf der Suche nach einer guten Geige, kann jedoch keine besonderen Ansprüche stellen, da fehlt es am nötigen Kapital.«

»Ja, das dachte ich mir, als ich Ihre Kadenz hörte. So spielen nur Musiker, die sich ihre Anerkennung täglich aufs Neue erkämpfen müssen. Sie haben Talent, zweifelsohne, und Ihre Technik ist sicherlich ausbaufähig. Doch Ihnen fehlt noch ein gewisser Schliff, vor allem, was das Repertoire angeht.«

Herr Silbermann wandte sich zur Seite und schritt mit prüfendem Blick seine Geigenparade ab. Ohne sich nach Noëlle umzudrehen, fuhr er fort: »Und Ihnen fehlt natürlich das richtige Instrument. Kommen Sie mal her. Ich hätte was für Sie.«

Am Ende der Geigengalerie stand eine unscheinbare Kommode, auf der etwas unter einem Tuch verborgen lag. Hier war es recht dunkel. Herr Silbermann zündete eine Kerze an, die in einer Wandhalterung steckte. Jetzt erkannte Noëlle die Umrisse eines Geigenkastens.

Der Ladenbesitzer lüftete das Tuch mit einer theatralischen Geste, als würde er ein Heiligtum enthüllen.

Er öffnete den Kasten. Eine Geige kam zum Vorschein, deren Griffbrett im Kerzenlicht bläulich schimmerte.

Er nahm sie vorsichtig in die Hand. »Es ist ein Geheimnis um dieses Instrument. Es offenbart seine Seele nicht jedem, der es zu spielen versucht. Bislang ist keiner meiner Kunden mit ihm klargekommen. Entweder hatten sie keinen echten Bezug zur Musik, oder sie haben sich zu wichtig genommen, als dass sie seinen Wert erkannten.«

Er stimmte die blaue Geige mit wenigen Griffen, dann reichte er sie an Noëlle weiter. »Versuchen Sie es mal. Ich glaube, sie ist Ihnen wie auf den Leib geschnitten.«

Noëlle spielte eine einfache Tonleiter, ganz langsam, als sei sie eine herrliche Melodie, und ganz schlicht, ohne viel Vibrato.

Die wenigen Töne erfüllten sofort den ganzen Raum.

Herrn Silbermanns Augen begannen zu leuchten. »Ja, weiter so, aber ganz sensibel, sonst tust du der Geige weh. Sie lebt erst in den hohen Lagen auf. Du musst dich steigern. Aber vorsichtig, nicht zu viel virtuoses Blendwerk. Du musst die Kadenzen lebendig gestalten. Die Geige verlangt nach Musik, nicht nach leerer Spieltechnik.«

Dann spielte Noëlle den Pachelbel-Kanon. Er entwickelte sich aus den tiefen Saiten heraus und endete in den hohen Lagen. Noëlle spürte sofort, wie der Klang der Geige in ihren Körper überging. Instrument und Musikerin verschmolzen zu einer dichten Resonanz.

Noëlle war hingerissen. »Die Geige ist bestimmt wertvoll. Aber eine einfache Straßenmusikerin kann sich so ein Instrument nicht leisten.«

Herrn Silbermann war nicht entgangen, dass das Instrument in Noëlles Händen aus einer Art Winterschlaf erwachte. »In so einem Fall spielt der Preis keine Rolle. Ich mache dir ein Angebot. Du darfst die Geige samt Kasten behalten, wenn du mir im Gegenzug dein altes Instrument gibst.«

Er warf ihr einen kurz aufflammenden Blick zu. »Und du überlässt mir deine blaue Jacke. Sie nutzt dir im Moment ohnehin nichts, schmutzig und abgetragen, wie sie ist. Wenn du willst, gebe ich dir ein Jahr Bedenkzeit. Dann kannst du wiederkommen und den Tausch rückgängig machen. Wenn du dich innerhalb eines Jahres nicht zurückmeldest, gilt der Handel bis zu deinem Tod.«

Noëlle dachte nicht groß über die Worte des Alten nach. Sie stand immer noch im Banne der wunderbaren Klänge, die sie der blauen Geige entlockt hatte.

Sie zog die Jacke aus und legte sie samt ihrer alten Geige auf den Ladentisch.

»Gut. Der Handel gilt.«

*

Wenige Tage später im Lübecker Rathaus. Das Abbröckeln des Holstentors hatte inzwischen auch die Stadtväter wachgerüttelt. Nach einer turbulenten Sitzung der *Bürgerschaft*, der politischen Vertretung der Lübecker Stadtbürger, in der viel zu engen *Kriegsstube*, setzten sich einige Abgeordnete im Gewölbe des Ratskellers zu einem Schoppen Rotspon zusammen. Sie wussten, Rotwein löst die Zunge, und hier unten konnte man recht ungezwungen über jede Standesschranke hinweg politisieren.

Jakob Großjan, ein Gewürzkrämer, der in der Holstenstraße einen Laden mit dem hochtrabenden Namen *Colonial- und Materialwarenhandlung* unterhielt, führte das Wort. Seinem Sohn Clas hatte er befohlen mitzukommen.

»Damit du lernst, wie man als Geschäftsmann Politik macht. Schließlich sollst du den Laden später weiterführen, und da kann es nicht schaden, wenn du dich jetzt schon bei den Wichtigen der Stadt andienst.«

Doch der Plan von Großjan senior ging nicht auf. Statt Hände zu schütteln, lautstark Partei zu ergreifen und noch lauter über die faden Witze der Herren Stadtväter zu lachen, verkroch sich Clas schlecht gelaunt auf die Eckbank. Er empfand eine unausgesprochene Abneigung gegen Stammtisch-Politisiererei und zog es vor, sich einen Stapel Schreibpapier zu greifen und die Versammlung aus sicherer Entfernung zu beobachten.

Der Vater kümmerte sich in seinem angriffslustigen Eifer zunächst nicht weiter um ihn. »Also ehrlich gesagt, als ich gestern von einer Geschäftsreise nach Berlin zurückkam und aus dem neuen Bahnhof heraustrat, wurde mir klar: So kann das nicht weitergehen. Der Blick auf unsere Stadt vermittelt wirklich keinen guten Eindruck. Das erste, was ein mit der Bahn ankommender Gast sieht, ist eine verkommene Ruine, die man auch noch hochtrabend das *Holstentor* nennt. So eine hässliche Visitenkarte können wir uns eigentlich nicht leisten. Sie schadet unserem Ruf, und niemand braucht sie wirklich. Also weg mit dem alten Gemäuer!«

Hinrich Kroner, der behäbige Müller zur Brömsenmühle wagte Widerspruch: »Wenn ich ehrlich bin, muss ich sagen, dass der Abriss des Holstentors das Bild nicht unbedingt verbessern würde. Die krummen Eckhäuser an der Holstenstraße, die dann

17

sichtbar wären, sind auch keine besondere Augen-
weide.«

»Man hätte das Tor vor dem Holstentor ja erst gar
nicht einreißen sollen«, fand Kroner Unterstützung
vom Bäckermeister Andreas Görtz, einem Liebhaber
von Altertümern, dessen schrille Stimme in auffälli-
gem Gegensatz zu seiner zierlichen Erscheinung
stand. »Die Renaissancefassade gehörte zum Schönsten, was Lübeck zu bieten hatte. Ich versteh immer
noch nicht, warum man das hat einreißen müssen. So
viel Platz brauchte die neumodische Eisenbahnstrecke
ja nun auch nicht.«

Das war das Stichwort für Johann Böcken, einem
aufstrebenden Brauereibesitzer und Gasthausbetrei-
ber, der wegen seines finanziellen Erfolgs viele Neider in der Bürgerschaft hatte. »Ich erinnere daran,
dass ich bereit war, das Krumme Tor mit der Renaissancefassade zu neuem Leben zu erwecken. Meine
Pläne, in dem Gebäude und den anschließenden
Wallanlagen eine Kaffeewirtschaft zu errichten, wurden bekanntermaßen abgeschmettert.«

Jakob Großjan begann unruhig zu werden. »Ihr
jammert über Schnee von gestern. Das Krumme Tor
ist nun mal weg und basta. Wir sollten uns über das,
was wird, den Kopf zerbrechen, nicht über das, was
war. Tatsache ist, wir haben eine Ruine direkt auf
dem Präsentierteller unserer Stadt. Und wenn ich ehrlich bin, dieses Tor gehört meiner Meinung nach auf
den Misthaufen der Geschichte. Die Zeiten der hanseatischen Handelspolitik sind ein für alle Mal vorbei.
Heute müssen wir international denken. Hamburg hat
uns das vorgemacht und uns wirtschaftlich überrun-
det. Schluss mit den alten Zöpfen, mit Zunftwesen

und Zollschranken. Schluss mit der allabendlichen Torsperre und den beengenden Mauern, die unserer Expansion im Wege stehen. Und gefährlich sind sie obendrein. Hat nicht viel gefehlt, da wären Bürger durch den Verfall des Holstentors erschlagen worden.«

Der Zimmermeister Andreas Torkuhl wischte sich mit einem riesigen roten Stofflappen über die Stirn, als schwitzte er, obwohl es im Raum nicht warm war. Dabei handelte es sich um eine sorgsam einstudierte Geste, die er immer dann wirkungsvoll einsetzte, wenn er etwas besonders Wichtiges zu sagen hatte.

»Am besten, man reißt das Tor ab und verwendet die Ziegelsteine für ein neues Armenhaus draußen vor der Stadt. Damit schlagen wir zwei Fliegen mit einer Klappe. Das Hindernis für den Ausbau unseres Verkehrsnetzes sind wir los. Im Gegenteil, die Straße wird richtig schön, breit und gerade. Und außerdem tun wir was für die Habenichtse, damit sie nicht ständig in unseren Gassen herumlungern. Wohltätigkeit war schon immer eine lübsche Tugend.«

Clas holte einen weichen Zeichenstift hervor, den er stets in der Jackentasche mit sich herumtrug. Carl Julius Milde, sein Zeichenlehrer am Katharineum, hatte Clas Talent zur satirischen Zeichenkunst frühzeitig entdeckt und es nach Kräften gefördert. Inzwischen erschienen Clas Karikaturen im Lübecker Lokalblatt. Sie firmierten allerdings unter einem Pseudonym, denn er wollte mit seiner spitzen Feder seinem Vater nicht schaden.

Mit schnellen Strichen verwandelte er Torkuhl in einen riesigen, zotteligen Bären, der es, breitbeinig

19

vorm Holstentor sitzend, wie ein Spielzeug auseinanderpflückt und mit den Spitzdächern nach den Habenichtsen wirft.

Jakob Großjan wagte nun den entscheidenden Vorstoß. »Eins nach dem anderen, meine Herren. Für Wohltätigkeit und Tugend ist jetzt nicht die Zeit. Es geht einzig und allein um die Frage: Brauchen wir das Holstentor oder brauchen wir es nicht. Die Argumente sind gefallen, und ich denke, wir sind alle mehr oder weniger der gleichen Meinung und sollten nun zum nächsten Schritt übergehen. Sie wissen, dass der Senat mehrheitlich noch zögert, das Tor abzureißen, während der größte Teil der Bürgerschaft dafür ist. Um mehr Druck auf den Senat auszuüben, sollten wir eine von möglichst vielen Bürgern der Stadt unterzeichnete Petition verfassen und sie über den Bürgerausschuss an den Senat leiten.«

Das beifällige Raunen in der Runde bewies Großjan, dass er auf dem richtigen Weg war. »Ich möchte folgenden Text vorschlagen. Clas, wenn du bitte mitschreiben würdest.«

Sein Sohn war indes mit den Gedanken ganz woanders. Seine zunächst diffuse Abneigung gegen die Art seines Vaters hatte sich im Laufe des Gesprächs verfestigt. Ihm war klar geworden, dass er in der Frage des Holstentors auf der anderen Seite der Barrikade stand. Sein Zeichenlehrer Milde hatte in ihm die Liebe für alte Gemäuer geweckt. Oft waren die beiden mit dem Zeichenblock unterwegs und konnten stundenlang vor einem mittelalterlichen Haus, im Inneren einer Kirche oder auf dem weihnachtlichen Marktplatz sitzen, um Vergangenes und Gegenwärtiges mit möglichst präzisen Bleistiftstrichen auf dem

Papier festzuhalten. Mal war es ein verträumter Erker, der viele Geschichten erzählen konnte, mal waren es junge Katharineer, die nach Schulschluss ausgelassen und mit offener Schuluniform über die Straße liefen. Oder sie zeichneten Franziskanermönche, die in einem Kreuzgang im Gespräch vertieft waren, oder Zecher, die im Halbdunkel des Ratskellers weinselig von der guten alten Zeit träumten, oder Kinder, die in der Abenddämmerung mit ihren Papier- und Gurkenlaternen singend unter einem von einer Gaslaterne beleuchteten Stadttor hindurchliefen.

Am besten gefiel Clas die Szene auf der Puppenbrücke. Geschickt hatte Milde den nackten und frech der Stadt zugewandten Hintern der Merkurstatue in Kontrast gesetzt zu einer drallen Milchfrau, die mit ihren schweren, an beiden Enden einer Schulterstange hängenden Kannen stadtauswärts geht. Im Hintergrund erkennt man das reich verzierte Renaissancetors, das wenig später abgerissen wurde. Angeblich, weil es dem neuen Bahnhofsgebäude im Wege stand.

Und nun sollte auch noch das mittelalterliche Holstentor dem angeblichen Fortschritt geopfert werden?

Clas zeichnete einen Lübschen Adler mit den Gesichtszügen seines Vaters, der mit stolzen Schwingen über das Holstentor hinweg segelt, das gerade von einer Dampflok in Grund und Boden gerammt wird.

Der junge Mann wusste, dass sich Milde mit einigen Gleichgesinnten zusammengeschlossen hatte, um den Abriss zu verhindern. Sie trafen sich regelmäßig im *Tivoli*, einem Gartenlokal in der Nähe des Burgtors. Clas beschloss, seinen ehemaligen Lehrer zu unterstützen. Doch noch wusste er nicht wie. Ein paar harmlose Karikaturen zeichnen, das reichte ihm nicht mehr.

»Clas, wach auf! Du bist nicht zum Träumen hier. Du sollst dich nützlich machen, du sollst mitschreiben!«

Der junge Mann schreckte auf. Rasch versteckte er die Karikaturen unter dem Stapel Schreibpapier und zückte seinen harten Stift, mit dem er besser schreiben konnte. Noch wagte er es nicht, sich seinem Vater zu widersetzen.

»Nachdem die Baufälligkeit des Holstentors in der letzten Zeit immer augenscheinlicher geworden und der Kostenaufwand einer gründlichen Reparatur desselben bei dem gegenwärtigen Stande der finanziellen Verhältnisse unseres Staates nicht angemessen erscheint, ersuchen die Bittsteller den Bürgerausschuss, dem Senat den Abbruch des Holstentors aufs Dringendste zu empfehlen.«

Sämtliche Anwesenden, den Bäckermeister Görtz ausgenommen, unterschrieben die Petition und versprachen, Freunde, Nachbarn, Kunden und Personal ebenfalls zur Unterschrift zu bewegen.

*

Am gleichen Tag begab sich Noëlle mit der neuen Geige unterm Arm auf den Marktplatz vorm Rathaus. Der weite Platz war derart mit Händlerbuden, Schaustellerzelten und Musikantenbühnen vollgestellt, dass es ihr schwerfiel, sich durch den dichten Strom der Passanten hindurch zu drängen. Die vorderste Reihe begann mit der Bude eines Puppenschnitzers. Seine Figuren mit den schrillen Gesichtern und der bunten Bekleidung zogen eine Schar von Kindern an, deren Augen fiebrig glänzten. Doch nur wenige Eltern konnten sich das teure Spielzeug leisten.

Gleich daneben hatte ein Musikalienhändler sein Domizil errichtet. Lauten hingen einträchtig mit Trommeln und Schalmeien von einer Querstange herab. Auf dem Ladentisch lagen zwei Flöten. Eine dritte hatte ein Musikant zur Hand genommen und prüfte sie mit Kennermiene. Ob er das wertvolle Instrument erstehen würde?

Als nächster kam ein Tuchhändler an die Reihe. Seine Ballen von feiner Seide und kostbarem Damast lagen in den unterschiedlichen Farben sauber in Reih und Glied auf den Regalen. Von der Budendecke hingen kunstvoll gestickte Baumwolltücher und flämische Spitzendeckchen herab, um das Herz der vorbeiflanierenden Damen höherschlagen zu lassen.

In unübertreffbarem Kontrast stellte in der Nachbarbude ein Schlachter seine Ware aus. Statt der Spitzendecken hingen hier Würste und Schinken von der Dachlatte. Gegenüber pries lautstark ein Fischer seinen frischen Fang an. Heringsfässer standen weit vor seinem Stand, sodass Noëlle fast darüber gestolpert wäre und sich mit dem kräftigen Fischgeruch überschüttet hätte.

Ein paar Buden weiter machte sich eine Töpferei breit. Entgegen der Marktordnung standen seine Krüge und Tonkessel mitten in der Gasse. Ein streunender Hund, der gerade eine läufige Katze jagte, stieß eine der Tonpyramiden zum hellen Entsetzen des

23

Handwerkers um und verschwand, einen jämmerlichen Scherbenhaufen hinterlassend.

Auch die Wahrsagerin neben ihm, eine Zigeunerin mit einer Glaskugel und einem Kartenspiel auf dem Tisch, jammerte, weil sie befürchtete, dass ihr in dem heillosen Chaos die Kunden wegbleiben würden.

Die Marktfrauen unterschieden sich durch ihre Kopfbedeckung. Die Gemüsefrauen trugen ein weißes Kopftuch, auf dem ein kegelförmiger Strohhut mit einem grünen Band als Umrandung ruhte. Die Fischfrauen zierten ihren Strohhut mit einem blauen Band. Die mecklenburgischen Bäuerinnen kleideten sich mit zylinderförmigen Hauben. Sie hatten sich auf den Handel mit frischer Butter spezialisiert. Ihre Männer hatten sich käfigförmige Körbe auf den Rücken geschnallt, mit denen sie aufgeregt gackernde Hühner zum Verkauf anboten.

Aus einer Kneipe am Rand des Platzes tönte der übermütige Streit Betrunkener, begleitet vom Gejohle ihrer Zechkumpane. Der Marktaufseher schritt ein und beförderte den Rädelsführer mit einem kräftigen Tritt in den Hintern in die Gosse.

Noëlle baute sich mit ihrer blauen Geige unter den Arkaden am Rand des Marktplatzes auf. Sie hatte sich die Lizenz erkauft, hier als Straßenmusikerin aufspielen zu dürfen. Der Ort war gut gewählt, denn die breit geschwungenen Steinbögen verstärkten den Klang ihrer Geige.

Sie spielte einfache ruhige Volkslieder und verzichtete auf virtuose Fingerübungen und gewagte Doppelgriffe. Die Geige lag ihr gut in der Hand. Sie reagierte auf die Bogenführung mit einem warmen, lebendigen Klang. Noëlle schloss vor Begeisterung die Augen und konzentrierte sich auf die Tongebung.

Sie bemerkte nicht, wie sich um sie herum eine Schar von Zuhörern sammelte, der die Musik half, die Hektik des Markttreibens für ein paar Minuten zu vergessen. Vielleicht war es auch das Instrument, das sie so faszinierte. Eine Geige mit einem blauen Griffbrett hatte noch niemand gesehen.

Auch Clas Großjan nicht. Im Unterschied zu den anderen war er nicht auf den Markt gekommen um einzukaufen. Nach der unangenehmen Sitzung im Ratskeller wollte er seinen Ärger im *Gasthaus zum Schlüssel* am anderen Ende des Marktplatzes mit einem tüchtigen Schluck Bier hinunterspülen.

Als er an den Arkaden vorbeikam, zog ihn sofort der Klang der blauen Geige in den Bann. Ihm gefiel nicht nur die schlichte Musik, sondern auch die junge Geigerin. Er merkte schnell, dass er nicht der Einzige war, den ihr Spiel berührte. Die Zuhörer lauschten mit offenen Mündern, als würde sie ihnen eine Botschaft aus einer besseren Welt verkünden.

Man müsste mit Musik für den Erhalt des Holstentors kämpfen, überlegte er. Mit Musik kann man bei den Menschen mehr erreichen als mit Petitionen.

*

Nachdem Noëlle ihr letztes Lied beendet und den Geigenbogen entspannt hatte, drängelte sich Clas durch die applaudierenden Zuhörer nach vorn. Sie erkannte ihn sofort, sagte aber nichts. Ihre Augen verrieten, dass sie sich insgeheim freute, vom Großjan junior angesprochen zu werden.

»Gut spielst du, deine Musik gefällt mir. Und deine Geige klingt, als würde die große Orgel der Marienkirche über den Marktplatz herüberschallen. War eine Freude, dir zuzuhören.«

»Danke für das Kompliment. War nur schlichte Volksmusik, nichts Virtuoses. Technisch nicht besonders anspruchsvoll. Gerade richtig für eine Kirmesmusik.«

»Du musst dein Licht nicht unter den Scheffel stellen. Ich finde, du hast bei den Leuten genau den richtigen Ton getroffen mit deinen schönen Melodien und dem warmen Klang deiner Musik. Virtuoses Kratzen auf der Geige mögen sie nicht. «

»Oh, das ist weniger das Verdienst des Geigers, als das der neuen Geige.«

»Ist überhaupt ein merkwürdiges Instrument, das du da spielst. Eine blaue Geige habe ich noch nie gesehen. Woher hast du sie?«

»Ist eine längere Geschichte, die man nicht in allen Einzelheiten erklären kann. Aber ehrlich gesagt bist du indirekt Schuld daran, dass die blaue Geige hier ist.«

Clas machte ein verblüfftes Gesicht. »Ich, wieso ich? Was habe ich mit der Geige einer Straßenmusikerin zu tun?«

»Vor ein paar Tagen bist du mit einem Zweispänner die Holstenstraße heruntergeprescht, an der Straßenmusikerin vorbei, geradewegs durch eine Schlammpfütze, und hast ihr dabei die schöne marineblaue Jacke versaut.«

Clas strich sich verlegen mit der Zunge über die Unterlippe. »Oh, verdammt. Das tut mir leid. Das habe ich nicht bemerkt. Wenn du willst, kaufe ich dir eine Neue.«

Noëlle lachte auf. »Nein, nein. Ist schon gut so. Dadurch war die Straßenmusikerin gezwungen, das Konzert abzubrechen und nach Haus zu gehen. Im Burgtorviertel gibt es einen Trödelladen, in dem sie die Jacke gegen eine blaue Geige eintauschen konnte. Besser eine neue Geige als eine neue Jacke.«

»Wirklich eine komische Geschichte. Sag mal, ich hab dich hier noch nie spielen sehen. Kommst du von außerhalb?«

»Nein, nein. Bislang nur vor den Toren, vorm Burgtor, vorm Mühlentor und in letzter Zeit vorm Holstentor.«

»Vorm Holstentor? Dort wirst du keine Zukunft haben.«

»Was soll das heißen?«

»Ich will dich ja nicht beunruhigen, aber es sieht so aus, als würden sie bald auch das innere Holstentor einreißen.«

»Du spinnst, nur weil neulich ein paar Mauerbrocken herunterfielen?«

»Nein, nicht nur das. Es gibt schwerwiegendere Gründe.«

»Und woher willst du das wissen?«

»Ach, das ist auch so eine der längeren Geschichten.«

»Erzähl sie. Eine Musikerin hat immer Zeit, und sie hört anderen gern zu.«

Clas holte seine Karikaturen hervor, die er vorhin im Ratskeller angefertigt hatte. »Ich bin kein Freund von langen Reden. Hier, sagt dir das was?«

Noëlle musste schmunzeln, als sie die Skizzen durchblätterte. »Du hast Talent. Hier, das ist doch dein Vater. Als Lübscher Adler. Will denn die Bürgerschaft die Eisenbahn mitten durchs Holstentor rasen lassen?«

»Schlimmer noch, man will das Tor ganz dem Erdboden gleich machen. Ich komme gerade von einer Besprechung im Rathaus. Mein Vater ist da einer der Haupttreiber.«

»Und dem ironischen Strich nach zu urteilen, bist du ein schwarzes Schaf in der Familie.«

»Genauso ist es. Nur leider darf das mein Vater nicht wissen. Wer weiß, der würde es fertigbringen, mich deswegen zu enterben.«

»Na, es scheint, als wärest eher du derjenige, der keine Zukunft hat.«

»Ach was, ich komme schon allein zurecht. Zur Not kann ich mir meinen Lebensunterhalt auch als Karikaturist bei den Zeitungen verdienen.«

»Aber nur zur Not«, spottete Noëlle. »In Wirklichkeit willst du auf dein warmes Nest nicht verzichten.«

Mit einer flüchtigen Geste deutete sie auf ihre Trinkgeldschale. »Eine Straßenmusikerin muss sich ihren Lebensunterhalt mit der Geige bestreiten. Du könntest mit einer kleinen Spende dazu beitragen, dass sie sich morgen ein warmes Essen leisten kann.«

Clas ließ sich nicht lumpen und warf ein ansehnliches Trinkgeld in die Schale. »Hier, für die schöne Musik. Und für eine neue Jacke. Weißt du was? Ich lad dich außerdem morgen zum Bier ein. Im *Tivoli*. Da treffen sich die Freunde des Holstentors. Bring deine Geige mit. Du könntest uns ein wenig aufspielen. Und ich zeig dir, dass ich mein Wort halte. Übrigens, ich heiße Clas.«

Noëlle war versucht zu sagen: Ja, das weiß hier jeder. Der Sohn vom Kolonialhändler Großjan. Aber sie schwieg. Sie wollte ihm nicht zeigen, dass sie sich schon vor ihrer Begegnung für ihn interessiert hatte.

»Und du?«

»Noëlle.«

»Ein seltener Name. Klingt schön. Woher kommt er?«

»Aus dem Französischen, und er bedeutet *Weihnachten*. Mutter war Französin, und weil ihre Tochter zur Weihnachtszeit geboren wurde, gab sie ihr diesen Namen.«

»Das klingt romantisch. Da kann ich leider nicht mithalten. Clas ist norddeutsch und leitet sich von Nikolaus ab. Mein Vater sagt, das bedeute soviel wie *Sieger des Volkes*. Anscheinend müssen wir Männer für unsere Eltern immer den Helden abgeben.«

*

Als Noëlle nach ihrem Auftritt die Trinkgeldschale leerte, war sie überrascht. So viel wie heute hatte sie im gesamten Monat nicht verdient. Wenn das so weiterging, konnte sie sich eine neue Jacke kaufen, eine, die sie auch durch den Winter bringen würde.

Sie packte die blaue Geige sorgfältig ein und flanierte gut gelaunt durch die Reihen der Marktbuden. Bei dem Puppenschnitzer blieb sie stehen. Er hatte gewisse Ähnlichkeit mit Herrn Silbermann, dem Musikalienhändler, von dem sie ihre neue Geige bekommen hatte. Doch er schien hundert Jahre älter zu sein und stand mit gebeugtem Rücken und müdem Blick hinter seinem Tresen.

Sie bewunderte die fantastische Welt, die dort aufgebaut war. Ein norddeutscher Spaßmacher mit großen beweglichen Kulleraugen und einem aufklappbaren Mund lag Arm in Arm mit einer exotisch gekleideten Kathputli-Marionette aus Indien. Sie schienen sich gut zu verstehen. In ihrem Universum gab es weder Grenzen noch Rassendiskriminierung. Dahinter schwebte ein grotesker Stelzentrompeter, der nur mit einer lächerlich plumpen Hose und einem knappen Varietéjäckchen bekleidet war. Er blies seiner angebeteten Salome, die neben einer Schüssel mit dem Kopf des Jochanaan stand, anscheinend ein ohrenzerreißendes Ständchen. Am Rand des Tresens thronte der Schulreiter Hansi auf seiner Rosinante. Einige Teile des Pferdes konnte ein Marionettenspieler mittels langer Fäden und sinnreich angeordneter Holzkreuze bewegen. Sicherlich erforderte das eine große Geschicklichkeit.

Noëlle zog an einer der Schnüre. Das Pferd konnte sogar den Schweif heben und Pferdeäpfel fallen lassen. Die kleinen braunen Holzkugeln polterten auf den Tresen und blieben neben einer nigerianischen Handpuppe mit einem kunstvoll ausgemalten Doppelgesicht liegen. Die eine Seite bestand aus einem freundlich neugierig fragenden Gesicht mit großen blauen Augen und blauen Lippen. Seine Gegenseite war ein blutroter Krieger, der mit seinen wild fletschenden, abstehenden Zähnen Angst einflößte.

Irgendwie fühlte sich Noëlle spontan von dem Januskopf angezogen. Sie schaute kurz in die Runde. Als sie sich unbeobachtet fühlte, griff sie zur Puppe und ließ sie in ihrer Tasche verschwinden. Kaum fühlte sie das Gewicht der Holzfigur am Körper, bekam sie Gewissensbisse, den Alten bestohlen zu haben.

Sollte sie die Figur nicht besser wieder zurückstellen? Doch dazu war es zu spät, denn der Puppenschnitzer wandte sich ihr zu.

»Suchen Sie etwas Bestimmtes?« Seine Stimme klang so hölzern, als würde eine seiner Puppen sprechen.

»Nein, danke. Wollte nur mal schauen. Die Figuren erinnern an die Kindheit. Da spielt man gern mit Holzfiguren und liebt alles, was aus Holz gemacht ist. Und diese Puppen sind so fantastisch, dass man meint, man könne sie zum Leben erwecken.«

»Danke, das ist ein schönes Kompliment, das Sie mir da machen. Schade, dass es die meisten Menschen verlernt haben, den Wert individueller Handwerkskunst zu achten.«

»Ja, ja, mag sein«, flüchtete sich Noëlle in die Unverbindlichkeit und wandte sich ab. Sie bezog die letzte Bemerkung des Puppenschnitzers auf ihren Diebstahl. Doch ihr fehlte der Mut, die Figur wieder an Ort und Stelle zu legen.

Im Gegenteil, je weiter sie sich von dem Alten entfernte, desto mehr kribbelte es in ihr, eine verbotene Tat begangen zu haben. Sie dachte nicht an den Wert der Figur. Die wenigen Schillinge hätte sie angesichts ihrer heutigen Tageseinnahme leicht aufbringen können.

Sie wollte sich nicht durch Diebstahl bereichern. Es war ein ihr bislang unbekanntes, aber befriedigendes Gefühl der Abenteuerlust, das sie antrieb. Eine

31

spontane Reaktion auf den ersten musikalischen Erfolg in ihrem Leben.

Herr Silbermann blickte Noëlle nach, bis sie im Strom der Menschenmenge verschwunden war. Er lächelte. Natürlich hatte er bemerkt, wie sie sich die Januskopfpuppe in die Tasche gesteckt hatte.

»Der Fisch hat angebissen. Jetzt zappelt er an der Angel«, murmelte er vor sich hin.

Kapitel 2

Coiffüre à deux coques

Als Erstes blieb Noëlle in der Holstenstraße vor dem Schaufenster des Barbiers Bornhövd stehen. Eine elegant frisierte Dame verließ gerade den Laden und hätte sie fast umgerannt.

»Die neue Frisur steht Ihnen ausgezeichnet, Frau Senator Puthkofer. Ganz jugendlich«, rief der Barbier der Dame servil hinterher. »Beehren Sie mich bald wieder. Und Gruß an den verehrten Herrn Gemahl.«

Sieht wirklich nicht schlecht aus, fand Noëlle. Könnte man sich eigentlich auch leisten, jetzt, wo die Trinkgeldschale endlich mal voll geworden war. Kurz entschlossen betrat sie den Friseursalon.

»So wie die Frau Senator eben«, befahl sie, nachdem sie auf dem Stuhl Platz genommen hatte. »Aber gern doch«, antwortete der Barbier. »*Coiffüre à deux coques*. Putzt ungemein. Man teilt das Haar in zwei Hälften und bindet das zum Chignon bestimmte Hinterhaar dreimal in regelmäßigen Entfernungen mit einer Seidenschnur. Damit die Haarpuffen voller wirken, werde ich das Haar vorher einem Crèpé unterziehen. Wird auch Ihnen gut stehen, verehrte Frau Eisenbahndirektor.«

Das mit dem Eisenbahndirektor hatte er frei erfunden. Das war seine Masche, wenn er eine unbekannte Kundin vor sich hatte. Und sie wirkte jedes Mal perfekt, denn das Wichtigste für ihn war, genau zu wissen, wem er den Kopf zurechtrückte. Meistens weihten ihn seine Opfer dann in ihre Lebensgeschichte ein.

Doch Noëlle wehrte verlegen ab. »Tut mir leid, muss eine Verwechslung sein.«

»Oh, entschuldigen Sie vielmals. Aber Sie sehen der Frau Eisenbahndirektor ähnlich. Auch so eine jugendliche Erscheinung wie Sie.«

Noëlle amüsierte die Verwechslungskomödie. »Nun gut«, ging sie auf das Spiel ein. »Eine entfernte Verwandte. Aber man möchte hier in der Stadt unerkannt bleiben. Bitte respektieren Sie das.«

»Selbstverständlich Frau Geheimrat. Apropos Eisenbahn. Sie werden es bemerkt haben, als Sie am Bahnhof ausstiegen. Ist es nicht eine Schande, wie sich unsere Stadt dort präsentiert? Das Holstentor. Eine verfallene Ruine als Willkommensgruß. Als ob in Lübeck die Zeit stehen geblieben ist. Und gefährlich ist es außerdem, den Weg in die Innenstadt anzutreten. Gerade neulich sind ganze Mauerziegel aus der Ruine auf die armen Besucher unserer einst so stolzen Stadt herabgefallen. Gott sei Dank wurde niemand ernsthaft verletzt. Nur eine alte Kuchenfrau musste mit Kopfverletzungen ins Krankenhaus eingeliefert werden. Wie ich gehört habe, ist sie inzwischen außer Lebensgefahr. Aber im Vertrauen: Ich weiß aus sicherer Quelle, dass sich unsere Bürgerschaft das nicht mehr länger bieten lässt. Das Schandmal soll abgerissen werden.«

»Ja, ja, man weiß. Senator Havermann und der Kolonialhändler Großjan haben sich dafür starkgemacht. Es kursiert eine entsprechende Petition.«

Der Barbier hätte seiner Kundin fast ins Ohr geschnitten, so verwirrt war er durch diese unvermutete

34

Aussage. Die weiß ja besser Bescheid als ich, grübelte er. Muss eine Dame aus dem Kreis der Hamburger Konsuln sein.

Nachdem die Haaroperation beendet war und der Frisör ein fürstliches Honorar abkassiert hatte, begleitete er Noëlle an die Tür. »Die neue Frisur steht Ihnen ausgezeichnet, Frau Geheimrat. Ganz jugendlich. Beehren Sie mich bald wieder. Und Gruß an den verehrten Herrn Konsul.«

Als sie wieder auf der Straße war, merkte Noëlle schnell, dass man ihr hinterherschaute. So ein Haarputz macht doch viel her, dachte sie. Ein bisschen Verkleidung und schon kann man ganz anders auftreten.

In der Breiten Straße blieb sie vor dem Schaufenster eines Zigarrenhändlers stehen, in dem sich ihr Gesicht spiegelte. Sieht schon viel besser aus als vor wenigen Tagen in der Scheibe der Bäckerei in der Alfstraße. Fehlt eigentlich nur noch ein passender Hut. – Und dazu eine Zigarre im Mund.

Kurzentschlossen betrat sie den Laden. Eigentlich zählte August Busch nur Herren zu seiner Kundschaft. »Was bevorzugt denn Ihr Herr Gemahl? Einen Parejo oder lieber einen Figurado? Soll es ein Shortfiller sein oder ein Longfiller?«

»Nein, nein. Es ist für eine Dame. Sie liebt die Havanna.« Noëlle kannte sich auf diesem Gebiet nicht aus. Sie hatte den Namen von einem Etikett abgelesen.

»Oh, da habe ich hier einen Habano aus der Provinz Pinar del Río, der wird Ihnen gefallen.« Zigarre rauchende Damen kannte er eigentlich nur aus Paris.

In Lübeck gab´s das nicht. Also vermutete er in Noëlle eine Dame von Welt.

»Beste Qualität, mein ganzer Stolz. Es gibt hier bei uns nur wenige Menschen, die sich das leisten können. Frau Generaldirektor wird zufrieden sein.«

Noëlle kaufte gleich eine ganze Kiste Habano. Allerdings wagte sie es nicht, sich auf der Straße eine Zigarre anzuzünden. Ihr begann die Maskerade Spaß zu machen. Der Gedanke, für jemand anderen gehalten zu werden, in die Haut eines anderen zu schlüpfen, berauschte sie.

Gut gelaunt machte sie sich auf die Suche nach einem neuen Hut. Möglichst auffällig sollte er sein. Am Kohlmarkt, in dem Eckgeschäft des Putzhändlers Jacob Ferber fand sie das Passende. Neuste Pariser Mode. Ein roter Hut mit breitem Rand und einem kleinen Aufsatz, der mit Pfauenfedern geschmückt war.

Herr Ferber pries beide, Hut und Trägerin, in höchsten Tönen. »Der richtige Hut zur richtigen Dame. Übrigens, sind Sie nicht die Geigerin von vorhin auf dem Marktplatz? Mein Kompliment, der Hut passt wunderbar zu Ihrer Musik. Damit sehen Sie gleich um zehn Jahre jünger aus.«

Die Bemerkung war gut gemeint, doch für Noëlle brach plötzlich die Welt zusammen. Und das gleich in zweierlei Hinsicht. Habe ich das schon nötig, zehn Jahre jünger aussehen zu müssen?, zweifelte sie an sich selbst.

Schlimmer aber traf es sie, dass jemand ihr Spiel mit dem Inkognito verdorben hatte. Plötzlich war sie wieder zurück in der Welt der einfachen Straßenmusikerin.

Vielleicht sollte sie sich noch radikaler verkleiden.

Den Hut kaufte sie dennoch. Bestimmt würde er Clas gefallen, wenn sie sich morgen im *Tivoli* mit ihm traf.

*

Das *Tivoli* lag im Nordosten der Innenstadt, nicht weit vom Burgtor, direkt am Ufer der Wakenitz. Seitdem das Sommertheater mit angeschlossenem Gartenlokal von außerhalb der Stadt hinter die Stadtmauer verlegt worden war, erlebte es einen grandiosen Aufschwung. Jetzt konnte man hier noch bis spät in die Nacht sitzen, weil man keine Rücksicht mehr auf die Torsperre nehmen musste. Im Sommer wurden die Tore Lübecks um 10 Uhr abends geschlossen. Wer als Fußgänger erst um Mitternacht in die Stadt wollte, musste eine Sperrgeldtaxe von sechs Schillingen zahlen. Kam er mit einem Doppelspanner, kostete das Vergnügen immerhin 24 Schillinge.

Das Herzstück des Etablissements, das von der Witwe Hörner geführt wurde, bestand aus einem riesigen, glasüberdachten Saal, der so groß war, dass er sogar schon mal eine komplette Gartenschau-Ausstellung beherbergt hatte. In der Regel wurde jedoch Theater gespielt, und zwar in einer erstaunlichen inhaltlichen Bandbreite. Opern wie der *Freischütz*, *Figaros Hochzeit* oder der *Barbier von Sevilla* fanden hier ebenso Zuspruch wie Lessings Schauspiel *Minna von Barnhelm* oder Holteis Posse *Margarethe*. Aber nicht nur hohe Kunst stand auf der Bühne. Der Seiltänzer Weitzmann überzeugte mit seiner Akrobatik, der Affendarsteller Klischnigg verblüffte das Publikum, eine zierliche Sängerin bezauberte mit ihrem tiefen Bierbass und eine Beduinentruppe verwandelte den Ort in ein Märchen aus *Tausendundeiner Nacht*.

Wer die acht Schillinge Eintritt nicht scheute, setzte sich an lauen Sommerabenden auch gern in eine der Laubennischen in dem parkähnlichen Garten an der Wakenitz und entspannte sich in geselliger Runde.

Auch heute war so ein Abend. Noëlle brauchte lang, ehe sie Clas und seine Freunde in einer der hinteren Nischen fand. Aus dem Saal wehte Applaus herüber. Der sommerliche Duft der Lindenbäume füllte den Garten. Auf der Wakenitz trieb langsam ein Ruderboot durch das Wasser. Ein Liebespaar, das es nicht eilig hatte.

Als die junge Dame mit dem roten, mit Pfauenfedern besetzten Hut auftauchte, sprang Clas wie ein verliebter Unterprimaner auf.

»Gut siehst du aus. Wie, wie …«

Clas suchte nach einem passenden Vergleich, aber Noëlle unterbrach ihn unwillig. »Nun sag bloß nicht, der Hut mache um zehn Jahre jünger. *Das* falsche Kompliment fiel schon beim Kauf des Hutes.«

Die anderen in der Runde amüsierten sich über Clas' Unbeholfenheit. »Das ist doch wohl nicht deine Schwester«, lästerte Friedrich Wilhelm Mantels, vierter Professor am Katharineum und eifriger Kämpfer für den Erhalt des Holstentors. »*Coiffüre à deux coques*. So viel Pariser Eleganz und Schönheit traue ich deiner Familie nicht zu.«

»Nein, nein, das ist Noëlle, die Geigerin, von der ich vorhin erzählt hatte. Vielleicht kann sie uns mit ihrer Musik bei der Durchsetzung unserer Ziele helfen.«

Noëlle fand Clas´ Erwiderung unpassend. »Deine Freunde scheinen von Mode mehr zu verstehen als du von einer Frau und ihrer Musik. Wenn du meinst, sie lasse sich wie ein Ochse vor euren politischen Karren spannen, dann irrst du gewaltig. Wenn sie Musik macht, dann nur weil es ihr Spaß macht. Politik interessiert sie nicht.«

Etwas hilflos lenkte Clas ein. »Das hast du falsch verstanden. Ich meinte ja nicht, dass du für uns die Trommel rühren sollst. Du mit deiner Musik hast etwas, das die Menschen anspricht, etwas das ihren Sinn für die Schönheit der Tradition weckt. Musik ist die einzige Kunstform, die Vergangenheit und Gegenwart nahtlos und unmittelbar miteinander verbindet, weil sie das Vergangene ausschließlich im Klang des Jetzt jede Minute aufs Neue auferstehen lässt.«

Jetzt war es der Maler Carl Julius Milde, der ihn in die Schranken verwies. »Du liest zu viel Schopenhauer, mein lieber Clas. Jede Kunstform verbindet Tradition mit Fortschritt, und zwar jede mit ihren spezifischen Methoden. Das solltest du in meinem Zeichenunterricht gelernt haben. Fehlt eins von beiden, dann kann ich nicht mehr von Kunst sprechen. Tradition ohne Erneuerung ist reaktionär, Fortschritt ohne Tradition ist anarchistisch. Keins von beiden für sich genommen dient der ästhetischen Erbauung des Menschen.«

Der etwas eitle Mantels wollte mit seiner Literaturkenntnis vor der jungen Frau glänzen und ergänzte: »Genau. Oder wie Thomas Morus schon sagte: Tradition ist nicht das Halten der Asche, sondern das Weitergeben der Flamme.«

Noëlle begann sich zu langweilen. Sie legte ihren Geigenkasten mit einer unmissverständlichen Geste auf den Tisch. »Ihr könnt ja alle ganz klug reden. Eigentlich ist das überflüssig, denn es ist selbstverständlich, dass eine Straßenmusikerin, die jeden Tag vor dem Holstentor steht, für dessen Erhalt einsteht. Nicht der Politik wegen, sondern weil das alte Gemäuer so etwas wie eine Heimat ist, eine geheime Zuflucht. Es sollte weder abgerissen noch renoviert werden. Es sollte einfach so bleiben, wie es ist, ein Ort, der Identität stiftet. Aber was soll das Gerede? Wollt ihr nun Musik hören oder nicht?«

»Du hast recht«, versuchte Clas sie zu besänftigen. »Wir schwatzen zu viel. Das ist der Hauptfehler unserer Bewegung. Deswegen konnten sich die Freunde des Abrisshammers auch so breitmachen. Spiel uns was vor, damit meine Freunde sehen, dass ich nicht zu viel versprochen habe. Vielleicht ein Volkslied, so wie neulich auf dem Marktplatz.«

Noëlle öffnete den Geigenkasten und holte ihr Instrument heraus.

»Eine blaue Geige? So etwas habe ich noch nie gesehen«, staunte Milde. »Das wäre ein wunderbares Motiv für ein Aquarell.«

Und Mantels fühlte sich an Novalis erinnert: »*Fern ab liegt mir alle Habsucht: aber die blaue Blume sehn' ich mich zu erblicken.* - Die blaue Blume der Romantik.«

Noëlle kümmerte sich nicht um das Gerede der anderen. Mit wenigen Handgriffen war der Bogen gespannt und die Geige gestimmt.

Sie spielte leise wie aus dem Nichts heraus nur einen einzigen, unendlich langen Ton, das tiefe g auf der leeren Saite. Schlagartig verstummten die Gespräche an den Nachbartischen. Der Ruderer auf der Wakenitz hielt mitten im Schlag auf, als wollte er die Stille des Klangs nicht durch das Plätschern des Wassers stören.

Dann stand Noëlle auf. Langsam entwickelte sich aus dem Ton ein einfaches Fünftonmotiv. Ein irisches Volkslied. Vorsichtig tauchten ein paar Dissonanzen auf, die sich aber schnell wieder auflösten.

Noëlle improvisierte aus dem Stegreif. Die Töne verdichteten sich stetig, bis sie auf dem Höhepunkt in eine lebensfrohe Hymne mündeten.

Mitten im Schwung des letzten Bogenstrichs hörte Noëlle auf, als sei eine Saite gerissen. Die Zuhörer erschraken. Noëlle blickte in die Runde, und als sie sich vergewissert hatte, dass sie alle mit ihrem Spiel in den Bann gezogen hatte, schloss sie ihren Auftritt mit einer kräftigen Kadenz ab.

Die Gäste des Gartenlokals applaudierten begeistert. Noëlle legte die Geige wieder in den Koffer, nahm ihren Pariser Hut ab, setzte sich bescheiden neben Clas und schmiegte sich an ihn. Es schien, als wäre sie plötzlich ein ganz anderer Mensch geworden, als wollte sie sich vor dem Applaus verstecken, als hätte sie nie Geige gespielt.

Die Augen von Clas strahlten. Seine Freunde merkten es sofort: Er war unübersehbar in sie verliebt. Sie schwiegen. Noëlles spontaner Erfolg übertrug sich auf sie, als hätten sie daran teilgehabt.

Unvermittelt tauchte Witwe Hörner auf, die Besitzerin des Etablissements. »Also, ich habe hier schon so manche Oper über mich ergehen lassen müssen, aber so was Schönes wie eben ist mir noch nie durchgekommen. Junge Frau, wie wär´s, wenn Sie im Glassaal auf der Bühne auftreten würden? Und wenn Sie bei meinen Gästen gut ankommen, können Sie bei mir regelmäßig spielen. Ich zahle nicht schlecht. Die Rechnung des Tisches geht natürlich auf Kosten des Hauses.«

Clas wollte seiner neuen Freundin ermunternd zusprechen, doch er kam nicht zu Wort. Plötzlich war Noëlle wieder wie ausgewechselt. Mit einer stolzen Kopfbewegung kehrte sie aus ihrer geistigen Abwesenheit zurück.

»Na klar, warum nicht? Auch eine einfache Straßenmusikerin würde gern mal auf einer richtigen Bühne stehen und spielen. Aber dann keine braven deutschen Volkslieder.«

*

Der Saal war nur halb voll. Eben hatte ein Hundedompteur ein paar langweilige Nummern vorgeführt. Der magere Beifall reichte nicht aus, ihn bis zu seinem Abgang zu begleiten. Die Bühnenbeleuchtung wurde ausgeschaltet. Die Gäste wandten sich wieder ihren Getränken zu.

Keiner bemerkte, wie sich eine junge Geigerin auf die abgedunkelte Bühne begab. Mitten in das Geraune der Menge schleuderte sie lautstark einen scharfen Doppeltriller hinein. Die Gäste erschraken, als hätte ein Blitz eingeschlagen. Noch konnten sie nicht orten, woher dieser seltsame Klang rührte.

Aus dem Triller entwickelte sich eine leise, einschmeichelnde Zigeunerweise. Erst tief und langsam, dann immer höher, immer lauter, immer rotierender.

Plötzlich flammte das Licht wieder auf. Auf der Bühne stand eine junge Musikerin, die fast so wirkte, als sei sie frisch aus einem der berühmten Pariser *Cafés concerts* importiert worden, auch wenn sie nicht so aufreizend gekleidet war wie ihre französischen Kolleginnen.

Umso mehr kam ihr Instrument zur Geltung. Im blauen Lack der Geige reflektierte sich das Bühnenlicht wie ein sommerlicher Sternenhimmel.

Mit flinken Fingern huschte Noëlle über das Griffbrett. Der Bogen tanzte akrobatisch im Rhythmus der Musik auf den Saiten. Doch es sah nicht so aus, als würde Noëlle sich anstrengen. Im Gegenteil, man konnte meinen, sie stände im Bann der blauen Geige, als sei sie eine Marionette, die sich einfach der Schwerkraft des Instruments unterwirft.

Die Achtelpunktierungen, die Vorhalte und Synkopen steckten die Zuhörer an. Sie sprangen von den Stühlen und klatschten im Takt. Der graue Dunst ihrer Zigarren und Zigaretten schwankte im Rhythmus der Musik. Vor der Bühne bildete sich sofort ein Knäuel von Tanzpaaren, die entrückt dem Auf und Ab der Musik folgten.

Inzwischen hatte sich der Raum gefüllt. Die Gartengäste ließen ihre Biergläser stehen und strömten in den Saal. Witwe Hörner saß hochzufrieden am Eingang und kassierte die Leute gleich doppelt ab, was diese überhaupt nicht bemerkten, weil sie so schnell wie möglich einen guten Platz im Saal ergattern wollten.

Noëlle hatte ihr Publikum vollkommen im Griff, als wäre es in einem Rausch gefangen. Auf dem Höhepunkt der Ekstase ließ Noëlle die Tonleitern rasch in ein Andante affettuoso auspendeln. Die Stimmung schlug sofort um, und alle folgten wie willenlos der Musikerin.

Eine charakteristische Zigeunermelodie in Moll, das mit der tiefalterierten Sekunde, verbreitete Weltschmerz und Selbstmitleid. Die Tänzer umarmten sich, drehten sich langsam um ihre Achsen und trösteten sich gegenseitig. Manch einer unter den Zuhörern griff zum Taschentuch und weinte der guten alten Zeit hinterher. Einige griffen zu ihren Biergläsern und suchten Trost in einem kräftigen Schluck.

Geschickt fädelte Noëlle die Schlussphase ein. Mit einem breit angelegten accelerando ging der melancholische Zigeunerton über in einen französischen Cancan. Taschentücher und Biergläser verschwanden schnell wieder dorthin, wo sie hingehörten.

Schnell kam Bewegung in die Menge. Vergessen war der Weltschmerz, jetzt zählte nur noch die Lebenslust. Es war ein Tanz um das Goldene Kalb. Die Tanzpaare lösten sich auf, und man hakte sich zu langen Reihen aneinander. Im wilden Rhythmus des Cancan flogen die Tanzbeine abwechselnd hin und her. Alle grölten die Melodie mit.

Witwe Hörner bedauerte, dass sie keine Tanzgruppe für die Bühne engagiert hatte. Beinwürfe und Spagatsprünge, bei denen man den Tänzerinnen unter den Rock schauen konnte, hätten gewiss den Umsatz sprunghaft gesteigert.

Noch im Schlussakkord erlosch das Bühnenlicht. Eine riesige Applauswelle brandete durch den Saal.

Doch sie ging ins Leere. Noëlle war längst hinter der Bühne verschwunden, als das Licht wieder anging. Dennoch war niemand enttäuscht, auch wenn sich mancher eine Zugabe gewünscht hätte.

Anschließend saßen Noëlle, Clas und seine Freunde wieder in der Gartenlaube beieinander. Witwe Hörner spendierte ihnen eine weitere Runde, und der jungen Musikerin versprach sie regelmäßige Auftrittsmöglichkeiten.

»Was war das, was du da gespielt hast? Das erinnerte mich an Kirmesmusik vom Balkan«, fragte Milde.

»So ähnlich. Aber es ist eher Kunstmusik als Volksmusik. Der erste Teil war ein Verbunkos von János Bihari, den mal ein durchreisender Ungar vor dem Krummen Tor spielte, kurz bevor es abgerissen wurde.«

»Da sind wir ja wieder beim Thema«, meinte Mantels. »Wenn du so wie heute vor dem Krummen Tor gespielt hättest, wäre niemand auf die Idee gekommen, es einzureißen.«

Noëlle lachte. »Da gab es ja auch noch nicht so eine wunderbare Geige. Erst durch sie ist man in der Lage, so wirkungsvoll zu spielen. Man hat das Gefühl, das Instrument lässt einen über sich hinauswachsen.«

Plötzlich bekam Clas eine Idee. Er schlug mit der Faust auf den Tisch. »Ich hab´s: Wir organisieren ein Konzert vor dem Holstentor. Mit einer Bühne, mit Lichtern und mit allem Drum und Dran«

»Gute Idee«, fand auch Witwe Hörner. »Ich würde für die Bewirtung sorgen. Mit einer Runde Freibier. Was meint ihr, wie das Volk da angelaufen kommt.«

Milde klopfte ihr auf die Schulter. »Ja, ganz meine Meinung. Und wenn wir das Holstentor gerettet haben, setzen wir uns dafür ein, dass Sie dort einen Biergarten aufmachen können.«

Mantels war noch etwas skeptisch. »Die Idee von Clas ist gut. Doch ein Biergarten, ich weiß nicht. Bedenkt, dass wir über das Schicksal eines vaterländischen Monuments sprechen. Selbst der Preußenkönig hat sich jüngst für den Erhalt des Holstentors ausgesprochen. Es ist längst kein altertümliches Relikt mehr, sondern Objekt deutscher Politik. Ein Vergnügungsbetrieb in diesen Mauern untergräbt meiner Meinung nach die Würde unseres vaterländischen Erbes. Blinde Restaurierungslust gleicht einem Fieber, das schon die herrlichsten Denkmäler unserer Vorfahren zugrunde gerichtet hat.«

»Unsinn, mein lieber Mantels«, entgegnete Milde. »Du warst es doch, der vorhin Thomas Morus zitierte: *Tradition ist nicht das Halten der Asche, sondern das Weitergeben der Flamme*. Wir wollen keine toten Denkmäler. Das Erbe unserer Vorfahren sollte mit neuem Leben gefüllt werden, damit dienen wir der Tradition am besten. Im Übrigen bin ich kein Freund von vaterländischen Parolen. So was hat stets nur zur Vorbereitung eines neuen Kriegs gedient.«

Noëlle verlor die Geduld und rief dazwischen. »Jetzt philosophiert ihr ja schon wieder. Davon will eine einfache Musikerin nichts wissen. Organisiert ein Konzert vorm Holstentor, wenn ihr wollt, aber lasst die Musikerin mit der Politik in Ruhe. Es wird

Zeit zu gehen. Kommst du mit, Clas, oder willst du lieber mit deinen Freunden politisieren?«

Clas folgte ihr, ohne zu zögern.

Niemand hatte bemerkt, dass hinter ihnen drei Männer in einer Nische saßen und ihnen aufmerksam zuhörten. Nachdem Noëlle und Clas verschwunden waren, rückten sie dichter zusammen.

»Das war doch der Sohn vom Großjan«, flüsterte Heinrich Kroner, der Müller der Brömsenmühle. »Wenn sein Vater wüsste, dass er sich hier rumtreibt …«

»Ja, das war Clas Großjan. Mein zukünftiger Schwiegersohn, auch wenn er von seinem Glück noch nichts weiß«, antwortete Ferdinand Stoofs.

Stoofs handelte mit Porzellan und Zigarren, Handschuhen und Tapeten, Goldleisten, Wachstuch und Rollvorhängen. Vor seinem Geschäft hing das vielversprechende Schild *Pariserladen*. Er galt als erfolgreicher Kaufmann, auch wenn er hin und wieder wegen seiner laschen Buchführung Probleme mit der Bilanz hatte. Jedenfalls hielt er sich für einen Experten für internationalen Handel.

»Na, anscheinend hat er gerade eine andere Braut im Arm«, stichelte der Zimmermeister Andreas Torkuhl. »Da wirst du dich wohl nach einem anderen umsehen müssen.«

»Ach, das ist jetzt nicht wichtig«, lenkte Stoofs ab. »Wichtiger ist, was die da drüben besprochen haben. Wenn ich das richtig verstanden habe, planen die eine große Aktion zugunsten des Holstentors. Ich werde dem Vater beibiegen, dass sein eigener Sohn auf der Seite unserer Gegner steht. Mal sehen, ob der

Bursche dann immer noch Lust hat, sich mit uns anzulegen.«

»Ach was«, polterte der kräftig gebaute Müller. »Mit solch kleinlichen Familienintrigen kommen wir mit unserer Sache nicht voran. Wir sollten endlich Tatsachen schaffen, Senat hin oder her.« Er ließ seine Muskeln spielen. »Wir sollten dem Verfall des Holstentors einen kräftigen Vorschub geben. Ein warmes Lagerfeuer oder ein paar gezielte Axthiebe.«

»Mensch, Kroner, so geht das nicht«, protestierte Torkuhl. »Wenn da was schief läuft, geht der Schuss nach hinten los. Ich hasse Gewalt. Wir müssen viel geschickter vorgehen. Überleg doch mal. Die wollen ein Benefizkonzert veranstalten. Also machen wir auch ein Konzert. Aber eins ganz nach unsrer Art. Ich sprech mal mit meinem Schwager, der ist Dirigent im Musikkorps der Dragoner. Wir sollten den Kampf kulturell austragen.«

*

»Was hältst du davon, zum Holstentor zu gehen«, schlug Noëlle vor, nachdem die beiden das *Tivoli* verlassen hatten. »Wir können uns ja schon mal umsehen, wie man das mit dem Konzert am besten macht. Jetzt, wo die Geschäfte geschlossen sind, ist dort nicht viel los. Wir wären ungestört.«

»Gute Idee, aber hast du nicht Angst, dass wieder ein paar Mauerbrocken herunterfallen?«

»Nein, nein, nicht jetzt. Nicht in Begleitung eines Beschützers.«

Sie hakte sich bei Clas unter. Er spürte ihre Körperwärme und passte sich ihrem Schritt an.

»Darf ich deine Geige tragen? Ich meine, wenn du sie mir anvertrauen würdest.«

»Natürlich, gern. Wenn man jemandem wirklich vertrauen kann, dann dir.«

Schweigend bummelten sie die Breite Straße hinunter, überquerten den Marktplatz und kamen über die Holstenbrücke zum Holstentor.

Aus der Nähe betrachtet, erkannte man, dass dessen östliche Stadtseite durchzogen war von teils blinden, teils halbvermauerten bogenförmigen Maueröffnungen, durch die Tauben und Schwalben ein und ausflogen und ihren Kot an die Außenwände und auf die Simse spritzten. Die abgerissenen, an die Innenseite angeklatschten Wohnungen, wie die des Zingelschließers, hatten hässliche Narben auf der Außenhaut hinterlassen.

Im Gegenlicht der Abendsonne lag diese Seite im Schatten, welcher dem trostlosen Anblick den Mantel des Vergessens überstülpte.

Noëlle und Clas umrundeten das mächtige Bollwerk.

Von der westlichen Feldseite aus wirkte das Gebäude nicht ganz so verrottet, wie von der Stadtseite, weil sich hier nur wenige Fensternischen befanden, und zwar fast ausschließlich in halber Höhe im Mittelteil des Tores. Ein paar Schießscharten stellten die Verbindung zwischen außen und innen her. Im Südturm klaffte eine riesige Wunde in der Außenverblendung, dort, wo sich einst das inzwischen abgerissene Wohnhaus des Reitenden Dieners an das Tor lehnte.

Die Abendsonne leuchtete die in die Jahre gekommene Fassade erbarmungslos aus. Jeder Mauerriss wirkte wie eine Sorgenfalte, jeder herausgebrochene Ziegelstein wie ein Altersfleck, jede ausgefranste Schießscharte wie ein Einschussloch.

»Hier hat die Straßenmusikerin oft mit ihrer alten Geige gestanden und musiziert, doch kaum jemand hörte zu. Nur die Kuchenfrau und ein grauhaariger Bettler, der im Inneren des Holstentors haust. Doch heute … Komisch, durch die neue Geige hat sich das Leben grundlegend verändert. Jetzt hört man der Straßenmusikerin zu, jetzt liebt man Ihre Musik. Wie ist das zu erklären?«

»Vielleicht war es einfach an der Zeit, dass dein besonderes Talent geweckt wurde.«

»Meinst du, es ist Talent? Man fiedelt doch nur. Es scheint, dass alles Übrige die Geige von allein macht.«

»Nein, du bist die Seele des Instruments. Wenn ich es in die Hände nehmen würde, käme nur elende Katzenmusik dabei raus.«

»Willst du´s mal ausprobieren?«

Ihr nicht besonders ernst genommener Vorschlag kam nicht zur Ausführung. In diesem Moment schrillte hinter ihnen die Pfeife einer in den Bahnhof einfahrenden Lokomotive.

»Das ist der Achtuhrzug aus Büchen«, erklärte Noëlle. »Damit kommen die letzten Besucher aus Hamburg und Berlin, die in Büchen zugestiegen sind und bei uns in Lübeck übernachten wollen. Dabei müssen sie auch am Holstentor vorbeikommen. Es wäre die letzte große Tageskasse für eine Straßenmusikerin.«

»Dann pack schnell die Geige aus und fang an!«

»Nein, lieber Clas. Ihr fehlt die Lust, fremde Menschen zu unterhalten. Wie wär's, den heutigen Abend gemeinsam zu verbringen?«

Eine durch die lange Bahnfahrt abgekämpfte Menschentraube, bewaffnet mit Koffern, die wie die schweren Hanteln eines Gewichthebers an ihnen hingen, wälzte sich mit müden Blicken an den beiden vorbei, ohne auf sie zu achten.

Ihnen hinterher schlürfte eine gebeugte, abgerissene Gestalt heran. Noëlle kannte ihn. »Das ist der graue Heinrich, der Bettler, über den wir eben sprachen. Auch für ihn ist der Abendzug die letzte geschäftliche Aktivität des Tages. Wenn er sich jetzt direkt ins Holstentor hineinbegibt, war es ein mieses Geschäft. Dann legt er sich gewöhnlich auf sein Zigeunerlager im Südturm zur Ruhe. Wenn es ein finanzieller Erfolg war, zieht er es vor, sein sauer verdientes Geld in die Kneipen rund um den Marktplatz zu tragen und anschließend seinen Rausch zusammen mit seinen Kumpeln im Kolk auszuschlafen, bis sie der Nachtwächter aufscheucht und in einem Gnadenhaus abliefert.«

Der Alte dachte heute nicht daran, sich im Tor zur Ruhe zu begeben. Zielstrebig machte er einen Bogen um ihn herum.

»Gib ihm einen Schilling«, raunte Noëlle Clas zu. »Er hat es verdient.«

Das Gesicht des grauen Heinrichs leuchtete auf, als ihm Clas zwei Münzen in die Hand drückte. Der Alte zwinkerte Noëlle zu. »Gott vergelt's dem jungen Paar, und euch beiden ein langes Leben.«

Die Anspielung auf das Paar fand Noëlle charmant. Wer weiß?

Clas jedoch hatte das überhört. Ihn beschäftigte viel mehr, was Noëlle vorhin gesagt hatte. »Kann man denn ins Holstentor hineinkommen? Ich meine, jetzt, wo es doch keine Torwächter und Reitenden Diener mehr gibt.«

»Natürlich. Dort, hinter dem Strauch befindet sich eine Art Kellerfenster. Es ist da zwar ziemlich dreckig und verkommen, aber auch ganz romantisch, jedenfalls wenn man das Morbide mag.«

»Hört sich abenteuerlich an. Würd auch mir gefallen.«

»Dann komm mit.«

Kurzentschlossen stiegen die beiden durch die Kellerluke. Es roch modrig nach Urin, und es war fast stockdunkel in dem Untergeschoss des Südturms. Doch Noëlle kannte den Weg und leitete Clas sicher durch das feuchte Gerümpel, bis sie eine rechtsdrehende Wendeltreppe erreichten, die so schmal war wie die in mittelalterlichen Burgen, durch die sich die Burgbesatzung besser gegen Eindringlinge wehren konnte.

Sie erreichten das erste Obergeschoss. Dort bestand die Burgbesatzung nur aus ein paar verschreckt aufflatternden Tauben. Durch die nach Westen liegenden Scharten drangen die Strahlen der tief stehenden Abendsonne und bildeten im ansonsten halbdunklen Raum zwei scharf umrissene Lichtbalken, in denen Insekten und Staubteilchen tanzten. Clas war von dem Lichtspiel begeistert.

Er kroch auf allen vieren in eine der Geschützkammern hinein. In deren Gewölbescheitel hingen kräftige Eisenringe für die Ketten, an denen früher die Geschützrohre zur Hemmung des Rückstoßes befestigt waren. Es schien, als hätten die Kanoniere die Wehranlage erst kürzlich aufgegeben.

An der rechteckigen Scharte befanden sich Verschlusshaken für Abdeckplatten, deren Reste neben all dem anderen Schutt auf dem Boden lagen.

»Eine tolle Sicht von hier aus!«, schwärmte Clas wie ein kleiner Junge, dem man eine Spielzeugeisenbahn geschenkt hatte. »Man schaut direkt auf den Bahnhof und könnte der Lokomotive fast ins Dampfrohr spucken. Hier, unterhalb der Schießscharte könnten wir die Bühne für das Konzert aufbauen. Platz genug wäre für ein großes Publikum. Der Klang würde sich an den Mauern zurückwerfen und bis zum Bahnhof reichen. Dann würden wir mit deiner Musik auch die Reisenden erreichen.«

»Du solltest mal zur Stadtseite kommen. Dort ist der Blick noch viel aufregender«, rief Noëlle. Ihre Stimme klang in dem Steinrondell merkwürdig hohl und scheppernd.

Clas kroch zurück und umarmte Noëlle. »Mir gefällt´s hier. Es ist, als ob ich in meine Jugendzeit zurückgekehrt bin. Danke, dass du mir das ermöglicht hast.«

Noëlle erwiderte den herzlichen Körperdruck. »Na, so alt bist du ja nun auch nicht.«

Es roch nach verkohltem Holz. Zwischen den beiden hohen Fensternischen befand sich ein Kamin, in dem erkaltete Asche lag. In einer der Nischen konnte Clas die Überreste eines in den Raum hineingebauten Zimmers erkennen. Hier stand früher die Kommandantenstube. Ein Sonnenstrahl hob Reste einer teilweise verrotteten Wandbemalung hervor.

Barock stilisierte Akanthusranken in Ocker auf weißem Grund.

Das brachte Leben in den ansonsten kahlen Raum. Im Viereck der Zimmerwandreste lagen eine Matratze, ein paar abgetragene Kleidungsstücke, eine Schüssel und ein paar leere Flaschen. Eine Kartoffelkiste diente als Nachttisch.

»Das ist das Lager vom grauen Heinrich«, erklärte Noëlle. »Doch heute stören wir ihn nicht, denn er wird sich in der *Bierhalle* am Markt volllaufen lassen und erst morgen Mittag zurückkommen.«

Clas wollte einen Blick durch die Fensternische werfen, doch Noëlle hielt ihn zurück. »Komm mit, wir klettern ein Stockwerk höher. Da ist die Sicht auf die Stadt am besten.«

Wieder ging es eine enge Wendeltreppe hinauf. Dann bog Noëlle in einen Seitengang ein, der durch den Mittelbau des Holstentors führte. Von hier aus konnte Clas bis tief ins Holsteinische blicken. Eine weitläufige, leicht hügelige Landidylle breitete sich vor seinen Augen aus. In der Abendsonne traten die Konturen der Kirchtürme verträumter Dörfer hervor. Auf dem Lande war bereits die Abendruhe eingekehrt.

Nicht so auf der Stadtseite. Der Weg führte weiter in das zweite Obergeschoss des Nordturms. Hier sah es fast genauso aus wie unten, ein Stockwerk tiefer im Südturm, nur dass es hier keinerlei Anzeichen von menschlicher Behausung gab. Dafür war der Raum übersät mit Vogelschiet. Als die beiden auftauchten, flatterte gleich ein Dutzend Tauben aufgeregt durch die Fensternischen davon und hinterließ eine geballte Ladung Dung auf den Fenstersimsen.

Doch Noëlle machte das im Moment nicht viel aus. »Hier, schau mal, ist das nicht ein herrlicher Ausblick auf die Stadt?«

Clas war beeindruckt. Vor ihm lag das Traveufer mit den Segelschiffen und Frachtkähnen. An ihren Mastspitzen waren Signallampen angebracht, die gemächlich im Takt des leichten Wellengangs hin und her schaukelten. Im rechten Winkel ging die Holstenstraße ab, die hoch zum Marktplatz führte. Gaslaternen beleuchteten das Leben auf den Straßen und angrenzenden Gassen. An lauen Sommerabenden war hier viel los. Die Anwohner traten vor ihre Häuser und erzählten sich die Neuigkeiten des Tages. Die vorhin mit dem Abendzug angekommenen Gäste saßen in den Biergärten und genossen den in der Backsteingotik verewigten Hauch einer ruhmreichen Vergangenheit.

Rechter Hand schaute Clas auf die Dächer der alten Salzspeicher. Dahinter baute sich der Turm der Petrikirche auf. Weiter im Hintergrund grüßte der Dom. Linker Hand erkannte er das Rathaus mit der Marienkirche dahinter.

Im Gegensatz zur Feldseite mit dem modernen Bahnhof vermittelte der Blick auf die Stadtseite das Gefühl, als sei die Zeit stehen geblieben. Vergessen war für einen Moment die Quengelei um den Erhalt des Holstentors.

Clas legte seinen Arm um Noëlles Schulter. »Ich liebe meine Stadt. Von hier oben sieht sie aus, als gäbe es sie schon eine Ewigkeit, als lebe sie im Schatten der Zeit. – Sag mal, wo kommst du eigentlich her? Bislang weiß ich ja nur, dass du eine französische Mutter hast.«

»Ach, da ist nicht viel zu erzählen. Mutter war Musikerin und brachte der Tochter das Geigenspiel bei. Vater, ein Hamburger Reeder, lernte sie auf einer Geschäftsreise in La Rochelle kennen, und er nahm sie mit nach Deutschland. Doch er verstarb noch vor der Geburt. Mutter musste sich mit ihrer Musik und einem kleinen Balg auf dem Rücken auf den Straßen Hamburgs durchschlagen, bis er alt genug geworden war. Dann steckte sie ihn einfach in eine Postkutsche nach Lübeck und verabschiedete sich mit den Worten: *Bist alt genug. Sieh zu, wie du selbst mit dem Leben fertig wirst.* Seitdem hat der Balg nichts mehr von ihr gehört. Und so ist er in Lübeck gelandet und versucht sich seither als Straßenmusiker. Nicht besonders erfolgreich, aber es geht immerhin aufwärts.«

Clas hatte plötzlich eine Idee. »Wie wär´s, wenn du mir hier ein kleines Ständchen bringen würdest, hier im Angesicht der schönsten Seite unserer Stadt? Ein Konzert nur für uns beide. Und mein Trinkgeld wird fürstlich ausfallen.«

Noëlle fand die Idee gut, doch sie entgegnete: »Ja, gern, aber nicht hier oben. Hier ist es zu dreckig. Lass uns wieder runtergehen, dort wo der graue Heinrich sein Reich hat. Da ist es wohnlicher.«

Dort angekommen, legte Noëlle den Geigenkasten auf die Kartoffelkiste und öffnete ihn. Der Lichtbalken der untergehenden Sonne beleuchtete dabei ihr Gesicht und ließ die Geige in einem zarten Blau schimmern.

Wunderschön bist du, ging es ihm durch den Kopf. So vertraut nah und dennoch so geheimnisvoll fremd.

Dann entdeckte er die kleine Holzpuppe mit dem Doppelgesicht, die neben dem Geigenkopf lag. »Was ist das denn?«

»Oh, nichts Besonderes. Ein Talisman. Er hilft, das Lampenfieber zu überwinden, wenn viele Menschen zuhören.«

»Na, dann brauchst du ihn jetzt ja nicht, denn ich bin dein einziger Zuhörer.«

Er hatte erwartet, dass sie wieder wie vorhin im *Tivoli* spielen würde. Doch Noëlle hatte sich anders entschieden.

»Nein, Geigenklänge sind jetzt nicht das Richtige. Besser ist es, ein Lied singen, ein altes französisches Liebeslied. *Plaisir d'amour.* Mutter hatte es immer gesungen.« Sie nahm ihn am Arm und führte ihn in die Mitte des Raums. »Wenn du magst, tanzen wir beide dazu.«

Natürlich mochte er. Es wurde ein langsamer Walzer mit engem Körperkontakt.

Die Freude der Liebe dauert nur einen Moment,
Der Schmerz der Liebe besteht das ganze Leben lang.

Clas achtete nicht auf den Sinn des Textes. Willig ließ er sich von ihr führen. Als das Lied zu Ende war, bewegte sich Noëlle weiter im wiegenden Dreivierteltakt.

»Wir tanzen einfach nach der Musik in unseren Köpfen.«

Nach ein paar Drehungen stolperten sie über die Matratze des grauen Heinrich und fielen der Länge nach hin.

»Wenn Heinrich wüsste, dass wir seine Matratze entweihen«, flüsterte Noëlle mit warmem Ton.

Dann löste sie ihre Frisur *Coiffüre à deux coques*.

*

Am Abend des nächsten Tages zog Jakob Großjan seinen Sohn zur Rechenschaft. »Du warst über Nacht nicht bei uns. Wo hast du dich rumgetrieben?«

»Ich habe bei einem Freund übernachtet, bei Julius Milde. Wir haben den ganzen Tag bis mitten in die Nacht hinein beim Zeichnen gesessen. So spät wollte ich nicht mehr nach Haus gehen.«

»Du lügst. Man hat dich gestern Abend im *Tivoli* gesehen, Arm in Arm mit einer Fiedlerin, und dazu noch in Begleitung mit diesem Milde und dem Mantels, diesen ewig Gestrigen. Ich dulde diesen Umgang nicht, und als Geschäftsmann kann ich es mir nicht erlauben, dass mein Sohn intim in einem Vergnügungsetablissement herumlungert. Eine Straßenmusikerin, die von Zigeunermusik lebt und ihre Oberschenkel öffentlich zur Schau stellt! Du weißt, dass Mutter und ich dich an der Seite von Stoofs Tochter vorgesehen haben. Mein Gewürzhandel und Stoofs *Pariserladen* zusammen, das würde uns an die Spitze der Lübecker Kaufmannschaft katapultieren. Du als Geschäftsführer, und ich ziehe vielleicht sogar in den Senat ein. So ist das nun mal geplant, und so bleibt das. Jedenfalls solange, wie ich Herr im Haus bin. Wenn dir das nicht passt, dann such dir gefälligst was anderes.«

Kapitel 3 - Benefizkonzert

Carl Julius Milde saß vorm *Nöltingschen Haus* an der Ecke Königstraße/Johannisstraße. Er hatte seine Stifte und seinen Zeichenblock auf der Staffelei abgelegt, die wie eine dreibeinige Leiter felsenfest vor ihm ruhte und ihn gegen die neugierigen Blicke der Passanten abschirmte.

Eigentlich hatte er gehofft, Clas würde ihm beim Zeichnen Gesellschaft leisten, doch seitdem dieser bei Noëlle wohnte, ließ sich sein ehemaliger Schüler nur noch selten blicken. Julius tolerierte es. Frisch Verliebte soll man nicht stören. Als er jung war, hatte er diese Phase auch durchgemacht.

So gern er Noëlle mochte und so sehr er ihr musikalisches Talent bewunderte, irgendetwas störte ihn an der jungen Geigerin. Manchmal kam ihm ihr Verhalten befremdlich vor. Auf der Bühne war sie ein ganz anderer Mensch als im Alltag. Sie konnte sehr unberechenbar sein, ihre Stimmung wechselte oft von einem Extrem ins andere. Manchmal klinkte sie sich scheinbar völlig unmotiviert aus ihrer Umgebung aus, als würde sie in eine andere Welt fallen.

Als Maler war es gewohnt, auf die kleinsten Details zu achten. Ein Lächeln, das eine Spur zu breit war, ein Blick, der für eine Sekunde aus dem Gesichtsrahmen fiel, eine Schulterbewegung, die nicht von innen heraus kam.

Noëlles Wesen hatte etwas Besitzergreifendes an sich, das Milde erschreckte. Sie konnte sich eine Sache hundertprozentig zu eigen machen, aber sie gelegentlich auch im nächsten Moment ohne jeglichen

Übergang wieder fallen lassen. So hatte er sie bei ihrem Geigenspiel im *Tivoli* erlebt oder bei den Diskussionen um das Holstentor. Hoffentlich galt das nicht auch in Bezug auf ihre Liebe zu Clas.

Und noch etwas war ihm aufgefallen. Er hatte Noëlle kein einziges Mal das Wörtchen *Ich* aussprechen hören. Stets wich sie ins Unpersönliche aus. Fehlte es ihr an Selbstvertrauen oder hatte sie Probleme mit ihrer eigenen Identität?

Milde schien, als hätte Noëlle ein doppeltes Gesicht.

Es war sein Wohnhaus, das er versuchte, auf Papier zu bannen. Das Motiv sollte als von Stahlplatten gedruckte Radierung unter dem Buchstaben *Y*, Bestandteil seines *Lübecker ABCs* werden. Das Vorwort hatte er sich bereits ausgedacht. Er wollte mit seiner bebilderten Schrift die Lübecker auf die historischen Denkmäler der Stadt aufmerksam machen und dazu beitragen, dass dieselben erhalten blieben.

Die schönsten Ecken Lübecks sollten hier vertreten sein: das Annenkloster, das Burgtor, das Holstentor, die Puppenbrücke, der Rathausmarkt und vieles mehr.

Diese Zeichnung war eine der letzten, an denen er arbeitete. Schließlich blickte er zufrieden auf seine Skizze. Fehlten nur noch ein paar Murmel spielende Kinder im Vordergrund, dann war das Bild perfekt.

Er lehnte sich zurück und verglich die Zeichnung mit dem Original. Je länger er im Anblick versunken da saß, desto lebendiger wurden all die Erinnerungen, die sich mit seinem Heim verbanden. Irgendwann wachte er aus seinen Träumen auf, riss ein leeres Blatt aus dem Skizzenheft und schrieb einen Brief an seinen Freund Julius Theater, dem er die Stichumsetzung seiner Zeichnungen anvertrauen wollte.

„Das kleine Bild mit dem Y. ist unser Haus. Ich habe erst den Buchstaben ganz weglassen wollen, indes, meine Freunde hier haben mich sehr geplagt, dieses Haus unter dem Buchstaben einzuschmuggeln, es bildet zugleich den Repräsentanten unserer alten Wohnhäuser, die die Straßenecken ausmachen; was aber die Hauptsache ist, für viele Menschen kleben an dem Haus liebe Erinnerungen. Die beiden Fenster im Haupthaus im Unterstock sind seit vielen Jahren meine Fenster, und dahinter kannst du deinen alten Milde sitzend denken. Das große Fenster im Haupthaus welches von Wein umrankt auf den Garten sieht, ist unser Wohnzimmer.“

Kaum hatte Milde seinen Brief beendet, legte sich der Schatten eines Mannes über das Papier. »Eine gelungene Skizze, junger Mann. Dem Original sehr ähnlich, wenn ich bescheiden meine Meinung sagen darf.«

Milde blickte auf und erkannte im Gegenlicht einen alten, gebückten grauhaarigen Mann, der einen Karrenwagen hinter sich her zog. *Silbermann, Zeichenutensilien und Bilderrahmen* lautete die Gravierung auf einem etwas verwitterten Messingschild an der Vorderseite des Kastens.

Der Alte hatte Mildes neugierigen Blick bemerkt und fühlte sich bestätigt, weiter auszuführen: »Bei allem Respekt, der Strich ist etwas zu weich und das Zeichenpapier zu grobkörnig. Ich hätte hier ein paar Alternativen.«

Ehe Milde antworten konnte, zauberte der Alte einen Satz Stifte und einige Bögen Zeichenpapier aus seinem Karren hervor und hielt sie Milde unter die Nase. »Ich schenke sie Ihnen. Sie haben Talent, wie ich sehe, da spielt Geld keine Rolle. Glauben Sie mir, mit diesen Utensilien wird Ihnen das Zeichnen wie selbstverständlich locker und frei von der Hand gehen.«

Das war für Milde zu viel des Guten. Er war selbstsicher genug, um zu wissen, dass er für seine Zeichenkunst keinen Meister mehr benötigte. Dankend winkte er ab: »Nein, nein, nichts für ungut. Aber ich bleibe bei den Sachen, die ich gewohnt bin. Und bitte tun Sie mir den Gefallen, nicht weiterhin das Sonnenlicht zu verstellen.«

»Oh, ganz zu Diensten, verehrter Meister. War ja auch nur eine Frage. Weiterhin gutes Schaffen.« Mit diesen Worten verschwand der Alte so schnell, als hätte er sich in Luft aufgelöst.

Milde begann, seine Sachen zusammenzupacken. Für heute hatte er genug gearbeitet. Gerade wollte er sein Haus betreten, da lief ihm der Musikdirektor Gottfried Herrmann über den Weg.

»Na, Herr Kollege von der Bildenden Kunst, wieder auf Motivsuche? Ihr Künstler habt es gut. Ein paar Striche, und schon öffnet sich euch die Pforte zur Ewigkeit. Wir Musiker müssen uns unsere Kunst jedes Mal aufs Neue erschaffen, und sie verklingt schneller, als man Luft holen kann. Unser Kampf um die Ewigkeit ist wie Sisyphus Ringen mit dem Felsblock. Was nutzt uns alle Kunst des Kontrapunkts, wenn sie dazu verdammt ist, im wörtlichen Sinne mit dem Winde zu verwehen.«

»Sie übertreiben, lieber Herr Musikdirektor. Eure Kunst ist die höchste Form aller Künste, denn sie ist frei von aller Stofflichkeit, von Pinsel, Stift, Farbe und Papier. Sie trifft den Menschen direkt in die Seele, ohne dass es einer Materie braucht. Nur ein paar Luftbewegungen, und schon erobert Ihr die Herzen.«

»Dafür habt Ihr die Zeit auf Eurer Seite. Unsere Kunst ist flüchtig. Ehe man einen Ton gehört hat, folgt schon der nächste. Eure Kunst kann man stundenlang erkunden, ja sie ist sogar räumlich. Man kann jederzeit zum Anfangspunkt der Betrachtung zurückkehren, ganz nach Belieben, ohne etwas zu zerstören. Und man kann sie nicht nur begreifen, sondern auch ertasten. Welch ein Luxus!«

»Lieber Herr Herrmann, Sie vergessen, dass es gerade die Räumlichkeit ist, die die Kunst so angreifbar, so verwundbar macht. Ein Bild ist schnell zerschnitten oder durch Säure zerfressen, ein Denkmal der Architektur schnell abgetragen oder zermalmt. Denken Sie an das Holstentor. Morgen ist es vielleicht nicht mehr.«

»Ja, da gebe ich Ihnen recht. Das äußere Holstentor mit dem prachtvollen Renaissanceportal abzutragen, war schon eine Sünde. Als ob man die herrliche Musik eines Palestrina - und das war die Musik jener Zeit, in der das Tor entstand - einfach ausradiert hätte. Ein unvorstellbarer Akt des Barbarismus. Und nun das mittelalterliche innere Tor, entstanden in der Zeit des Josquin Desprez. Nicht auszudenken, wenn man gleich auch noch dessen Motetten verbrennen würde.«

»Ich denke da genauso wie Sie. Doch Lamentieren hilft uns nicht weiter. Sie werden wissen, dass ich zu dem Freundeskreis für den Erhalt des Holstentors zähle. Wir hätten da eine Idee, wie wir unsere Sache voranbringen könnten. Sie werden von der jungen Musikerin mit der blauen Geige gehört haben.«

»Natürlich. Die ganze Stadt spricht über sie. Ich habe sie kürzlich im *Tivoli* gesehen und war ganz hingerissen. Ein einmaliges Talent.«

»Wie wär es, wenn Sie mit Ihren Stadtmusikern gemeinsam mit der Geigerin auftreten würden, ich meine ein Konzert zugunsten des Holstentors?«

»Prinzipiell steht dem nichts im Wege. Allerdings muss ich sagen, dass mir ihr Musikstil nicht besonders gefällt. Mit Volksliedern können meine Musiker nur wenig anfangen. Sie müsste sich schon mehr in Richtung Konzertmusik bewegen. Vielleicht ein Mozart Violinkonzert. Oder etwas von Louis Spohr. Ich bin sicher, dafür würde ich ein gutes Ensemble zusammenbekommen. Übrigens würden viele meiner Kollegen allein schon wegen des Anlasses mitmachen. Auch ihnen missfällt, dass historische Denkmäler dem fragwürdigen Fortschritt der Eisenbahn geopfert werden sollen.«

»Gut, dann werde ich versuchen, euch zusammenzubringen. Mozart und Spohr also. Volksmusik dann aber als Zugabe. Die hat mich persönlich ungemein beeindruckt.«

*

Zufrieden spazierten Noëlle und Clas die Breite Straße hinunter. Die Auftritte im Tivoli waren ein Erfolg gewesen. Noch nie hatte Noëlle so viel Geld eingenommen, und nun war sie süchtig, es wieder mit vollen Händen auszugeben.

Ab und zu grüßten Passanten. »Ah, sieh einer an, die Geigerin vom Holstentor! Hab die Ehre.« In der Stadt hatte sich herumgesprochen, dass im *Tivoli* neuerdings eine talentierte Musikerin mit einer blauen Geige auftrat. Ihren richtigen Namen kannte man nicht.

Clas wuchs vor lauter Stolz gleich um ein paar Zentimeter. Doch bei Noëlle löste ihre schlagartige Berühmtheit eine entgegengesetzte Reaktion aus. Anfangs grüßte sie noch ganz selbstzufrieden zurück, doch nach und nach begann es ihr lästig zu werden, auf offener Straße von jedermann erkannt zu werden.

Als irgendwann eine kleine Menschengruppe auf sie zukam, flüchtete sie in einen Laden. Über dessen Eingang prangte ein Schild: *Georg Busse, Berliner Tapisserie – Stickerei – Manufactur, en gros & en détail*.

Es roch stockig in dem Laden. Noëlle stöberte unentschlossen in den Berliner Strickmustern, der feinen Zephirwolle und den Häkelarbeiten herum. Herr Busse stand derweil geduldig hinter seinem Tresen. Er wusste, dass man Kunden verprellte, wenn man sie voreilig ansprach.

Endlich hatte Noëlle etwas gefunden, das ihrem Geschmack entsprach, ein dunkelblaues, perlenbesticktes Halsband. Auch Clas gefiel es. Er nahm es und begab sich zum Tresen.

»Kann man das Halsband erwerben?«

»Aber natürlich. Es wird der jungen Dame ausgezeichnet stehen. Wollen Sie es gleich anlegen? Es harmoniert sicherlich perfekt mit Ihrer blauen Geige, wenn Sie auf der Bühne stehen, gnädige Frau. Ich bin übrigens ein Bewunderer Ihrer Kunst, Madame.«

Noëlle war, als hätte sie eine Ohrfeige bekommen. Wieder hatte man sie erkannt. Am liebsten hätte sie Herrn Busse das Halsband vor die Füße geworfen. Doch sie beherrschte sich. »Nein, danke, packen Sie es bitte ein.«

Clas bezahlte. Um der Lobhudelei des Ladeninhabers zu entfliehen, stürzte Noëlle wortlos auf die Straße. Dann lieber die albernen aber kurzen Grüße der Passanten erdulden.

Schlecht gelaunt zog sie Clas die Straße hinunter. »Diese kleinbürgerliche Enge ist nicht auszuhalten. Lass uns irgendwohin fahren. Weit weg, Hauptsache, die Leute quatschen uns nicht ständig an.«

Clas konnte ihren Stimmungswechsel nicht so ganz nachvollziehen, aber er spürte, dass er ihrem Wunsch nachgeben sollte. »Wenn du meinst. Mir macht so ein Einkaufsbummel auch nicht besonders Spaß. Wie wär´s wenn wir mit dem Dampfboot nach Travemünde fahren. Da kennt uns bestimmt keiner.«

»Nein, wir gehen runter zum Bahnhof und nehmen den erstbesten Zug nach Büchen.«

In der Bahnhofshalle angekommen studierte sie die Fahrpläne. »12:30 Richtung Büchen. Dann wären wir um 12:56 in Ratzeburg. Wir könnten dann am Ratzeburger See entlang in die Innenstadt wandern und dort einkehren. Mit dem Zug um 19:33 kämen wir heute noch wieder nach Lübeck zurück. Erster Klasse, gerade mal etwas mehr als eine Lübsche Courantmark pro Person und Fahrt.«

Clas wurde sichtlich wieder um ein paar Zentimeter kleiner. »Ja, eigentlich keine schlechte Idee. Doch leider kann ich mir das nicht leisten, jetzt wo mich mein Vater rausgeschmissen hat.«

Doch Noëlle ließ sich durch seine Verzagtheit nicht beeinflussen und küsste ihn. »Du bist niedlich. Schön dass du so ehrlich bist, aber heute ist unser Tag. Die erfolgreiche Straßenmusikerin lädt dich ein. Wenn du mal berühmt bist, kannst du es zurückzahlen.«

Sie vertiefte sich wieder in den Fahrplan. »Warte mal, noch besser ist, wir machen heute eine unendliche Bahnreise. Wir buchen bis Büchen, bleiben einfach im Zug sitzen und fahren mit ihm wieder zurück nach Lübeck. Hier schau: Ankunft in Büchen 13:40, Rückfahrt 13:50, Ankunft in Lübeck 20 Uhr. Und kostet Erster Klasse nur etwas über drei Mark pro Person und Fahrt. Das wäre eine gemeinsame Reise mit dir wert. Und niemand wird uns unterwegs wiedererkennen.«

Clas fügte sich, was anderes blieb ihm auch nicht übrig. Noëlle kaufte die Fahrkarten. Dann setzten sie sich auf eine Bank in der Vorhalle, da sie noch viel Zeit bis zur Abfahrt hatten.

Langsam füllte sich die Halle. Zuerst kamen die Reisenden mit viel Gepäck, die von Büchen aus weiter nach Hamburg oder Berlin wollten. Bei so einer langen Reise durfte man nicht zu spät am Bahnsteig sein. Dann kamen die Ausflügler mit wenig Gepäck, die den Tag am Ratzeburger See oder in Mölln verbringen wollten.

In einer Ecke spielten Kinder mit Glaskugeln, die hin und wieder bunt aufblitzten, wenn ein Sonnenstrahl schräg über die Oberfenster streifte.

Es war das erste Mal, dass Clas den Bahnhof betrat. Für ihn war er eigentlich die Höhle des Löwen, der Schuldige am Abbruch des alten Renaissancetors und der Hauptgegner im Kampf um das Holstentors. Von innen gesehen jedoch, besonders jetzt, wo sich die neuzeitliche Empfangshalle mit Leben füllte, relativierte sich Clas Abneigung. Noëlle, die das Treiben eine Weile beobachtet hatte, sprach es als Erste aus. »Bahnhöfe und Züge haben etwas Faszinierendes. Es ist aufregend, unter den Menschen zu weilen, sie zu beobachten, sie kommen und verschwinden zu sehen, versuchen, ihr Schicksal zu erraten. Wo kommen sie her? Wo gehen sie hin? – Oder in ihr Schicksal einzugreifen, sie anzusprechen, ihnen etwas zu schenken, ihnen etwas fortzunehmen, - sie zu verletzen sogar, ohne dass es einen logischen Grund hätte, - als wäre man ihr Schöpfergott. – Ein verwirrendes Verlangen, dem man sich nur schwer entziehen kann.«

Clas ging es nicht viel anders. »Ehrlich gesagt, auch ich bin momentan etwas durch den Wind. Ich hatte diesen Bahnhof bislang wie eine Krake empfunden, die sich unersättlich in die steinerne Vergangenheit Lübecks hineinfrisst. Doch langsam begreife ich, dass wir mit der Zeit gehen müssen. Und ein Bahnhof spiegelt das heutige Leben. Mehr noch: Es ist wie ein Symbol für unser Erdendasein. Manchmal denke ich, der Mensch betritt völlig zufällig und unerwartet das Karussell des Lebens, dreht sich ein paar Minuten hilflos und ziellos umher, bis er plötzlich wieder verschwindet. In einem Zug, der ihn nie wieder zurückbringt.«

»Es scheint, als ob du ein Philosoph bist«, antwortete Noëlle mit spöttischem Unterton. »Du solltest dich bei der Zeitung als Kulturredakteur bewerben.«

*

Stolz fauchend fuhr die 1A1-Personen-zuglokomotive von Borsig in den Bahnhof ein und kam mit einem ohrenbetäubenden Quietschen zum Stillstand. Noëlle und Clas gehörten zu den Ersten, die einstiegen. Sie machten es sich in einem Abteil erster Klasse bequem. Dass sie ohne Gepäck reisten, fiel niemandem auf. Bis zur Abfahrt waren noch zehn Minuten Zeit. Die beiden beobachteten, wie sich der Bahnsteig langsam füllte. Immer mehr Reisende drängelten sich an den Einstiegen. Mehrere hatten Gepäckträger im Schlepptau, die die Koffer mit stoischer Ruhe hinter ihnen hertrugen.

Das Abteil der beiden blieb lange Zeit leer. Im letzten Moment stürmte ein schmächtiger, elegant gekleideter Mann herein. Seine lebhaften Augen funkelten wie die Glasmurmeln der Kinder in der Vorhalle.

»Ist hier noch frei?«

»Bitte«, antwortete Clas unwirsch. Er hatte gehofft, auf der Bahnfahrt mit Noëlle allein zu sein.

Der Mann setzte sich, nachdem er umständlich seinen Mantel ausgezogen und an einen Haken gehängt hatte. Dabei streifte der Stoff Noëlles Gesicht.

»Pardon«, entschuldigte er sich und wischte mit einem handtuchähnlichen gelben Stofflappen, auf dem ein goldenes Monogramm LS gestickt war, Schweißtropfen von der Stirn. »Aber die Abteile der LBE sind mit Abstand die unbequemsten in Deutschland.« Offenbar setzte er voraus, dass seine Mitreisenden die Abkürzung für die *Lübeck-Büchener-Eisenbahn* kannten.

»Nicht der Rede wert«, entgegnete Noëlle und schmiegte sich an Clas, um nicht unnötig im Weg zu sein.

Kaum hatte der Fremde Platz genommen, tauchte hinter ihm sein Gepäckträger auf und stellte das Abteil mit einer ansehnlichen Anzahl von Koffern voll. Weil zu wenig Platz war, verstaute er den letzten Koffer unter Noëlles Sitz, die deswegen etwas unwillig ihre Beine spreizen musste.

Offenbar ein Handlungsreisender mit seinen Musterkoffern, dachte Clas. Doch bald stellte sich heraus, dass er sich da geirrt hatte.

Ungebeten holte jener eine Visitenkarte aus seiner Jackentasche und zeigte sie Clas. »Silverstrøm. León Silverstrøm. Schwedischer Schiffsmakler. Ich bin gerade mit dem Dampfschiff aus Stockholm angekommen und muss geschäftlich weiter nach Hamburg, müssen Sie wissen.«

»Großjan. Clas Großjan, Journalist aus Lübeck. – Meine Frau. Geschäftlich nach Büchen unterwegs, müssen Sie wissen«, konterte Clas in ironisch gespielter Überheblichkeit. Noëlle gefiel seine Antwort. Wie es sich für eine treue Ehefrau gehörte, fasste sie ihn unterm Arm und drückte ihn an sich.

Herr Silverstrøm wollte das etwas einseitig angelegte Gespräch fortsetzen, doch der Pfiff der Lokomotive unterbrach ihn. Ratternd und schnaufend setzte sich der Zug in Bewegung.

Für die knapp 50 Kilometer lange Strecke von Lübeck nach Büchen sollte er über eine Stunde brauchen. Kaum waren die Lübecker Wallanlagen passiert, breitete sich beiderseits des Bahndamms eine liebliche Landidylle vor den Reisenden aus. Von taufrischen Wiesen umgebene baumgekrönte Hügel, überragt von den Kirchturmspitzen der Dörfer. Kleine Seen, an denen sich die Tiere sammelten. Ab und zu eine Landstraße, auf der die Fuhrwerke mit den Schlaglöchern kämpften.

Langsam fand es Herr Silverstrøm an der Zeit, das Gespräch fortzusetzen. »Reisen Sie oft?« Er wartete erst gar nicht die Antwort ab. »Ich bin beruflich rund um das Jahr auf Achse, müssen Sie wissen. Da lernt man die Welt kennen und macht sich so seine Gedanken.«

Er kramte ein wildledernes Etui hervor und bot Clas eine Zigarre an. Doch es war eine Scheingeste, eine leere Höflichkeitsfloskel. Ehe Clas reagieren konnte, nahm er sich selbst eine heraus, steckte sie an und ließ das Etui wieder in der Tasche verschwinden. Munter vor sich hin qualmend setzte er seinen Monolog fort.

»So eine Zugfahrt, - sie erscheint mir wie eine nicht enden wollende Spirale. Aus dem Fenster kann man die Gleise erkennen, jedoch nur einen kleinen Ausschnitt. Sie scheinen sich am Horizont zusammenzuschließen, aber direkt vor deinen Augen bleiben sie stets getrennt. Sie sind einfach da, sie geben die Richtung an, sie geben dir die Gewissheit, dass deine Reise ein Ziel hat. Denn alles in deinem Leben ist vorherbestimmt, du kannst nur nicht sehen, wie.

Haben Sie mal beobachtet, dass während der Fahrt die Dinge im Vordergrund wie flüchtige Schatten an Ihrem Gesichtsfeld vorbeihuschen? Man sieht sie nie wieder, sie sind schnell aus der Erinnerung getilgt. Weiter entfernte Gegenstände tauchen dazwischen immer wieder mal auf, aber sie verändern ihr

Erscheinungsbild. Und ganz hinten am Horizont siehst du einen Turm. Der scheint überhaupt nicht zu verschwinden, ja, er verändert sich nicht einen Deut. Ab und zu wird er von den Dingen im Mittelgrund verdeckt, aber immer wieder kommt er hartnäckig zum Vorschein. Und er nähert sich unmerklich. Es ist, als ob man auf einer weiten Spirale hoch zu diesem Turm reist. Das ist das Ziel deiner Reise. Er ist es, weswegen du unterwegs bist, weswegen du viele flüchtige Begegnungen machst und weswegen du manchmal das Gefühl hast, manches im Leben wiederhole sich. – Ich habe Sehnsucht nach diesem Turm, aber der Zugführer will es noch nicht.«

Herr Silverstrøm zog nachdenklich an seiner Zigarre. Dann schwieg er endlich. Er bemerkte nicht, dass ihm seine Mitfahrer nicht antworteten. Er drückte die Glut der Zigarre im Aschenbecher aus und legte sie an den Rand.

Schon wieder ein Philosoph, dachte Noëlle. Warum müssen Männer eigentlich immer über die einfachsten Dinge des Lebens philosophieren?

Hinter der Station Klein Sarau öffnete sich der Ausblick auf den Ratzeburger See. In der Ferne grüßte die Dominsel. Die Stadt selbst bekamen die Reisenden nicht zu sehen, denn der Bahnhof lag aus bautechnischen Gründen oberhalb der Altstadt. Weiter ging es durch eine Waldlandschaft bis in die Nähe der von Gewässern umgebenen Möllner Innenstadt.

Plötzlich riss die Wolkendecke auf. Nahe dem Horizont konnte man den Mond erkennen. Die Sonne hatte nicht genug Kraft, um ihn mit ihrem Streulicht zu überstrahlen. Es herrschte Vollmond, trotz der Tageszeit. Die pickelübersäte blasse Scheibe schien größer als die der Sonne zu sein, deren Umrisse durch eine hoch liegende Wolkenschicht halbwegs verdeckt war.

Eine gespenstige Stimmung lag in der Luft.

Als Herr Silverstrøm den Mond sah, nahm er den Gesprächsfaden wieder auf. »Ein seltenes und interessantes Phänomen. Der Mond scheint zum Greifen nah, so groß ist er. Fast so groß wie die Sonnenscheibe, besonders, wenn er so dicht am Horizont auf seinen Untergang wartet. Für die, die an die Wahrheit der Bibel glauben, ist die Sache klar. *Gott machte die beiden großen Lichter, das größere, das über den Tag herrscht, das kleinere, das über die Nacht herrscht.* Doch nicht erst seit den Worten des Alten Testaments staunen die Menschen, wenn ihnen der Mond auch am Tage über den Weg läuft. Und dann noch in dieser aufgeblähten Form.«

Silverstrøm hatte sich in Rage geredet, und er verspürte wieder Lust auf seine Zigarre. Er zündete sie sich erneut an und nahm einen tiefen Zug.

»Ja, ja, das kenne ich vom Segeln auf der Ostsee«, warf Clas der Höflichkeit wegen ein, obwohl er keine große Neigung verspürte, dem schrulligen Mitreisenden ein gefügiger Gesprächspartner zu sein. »Besonders morgens, wenn der Mond über dem Horizont untergeht.«

»*Mondtäuschung* nennen das die Physiker. Eine schlüssige Erklärung haben sie allerdings noch nicht gefunden. Die einen meinen, das läge an der Lichtbrechung, die bei schrägem Einfall in die Erdatmosphäre besonders stark ist. Doch ich glaube, das ist Unsinn, denn das würde sich allenfalls auf die Farbe auswirken, nicht auf den Umriss. Ich bin der Über-

73

zeugung, dass es sich hier um eine optische Täuschung handelt.«

»Klingt spannend«, täuschte Noëlle Interesse vor. Sie lehnte sich an Clas Schulter und versuchte, das überflüssige Gerede des Gegenübers auszublenden.

Der Mond war schön, auch ohne die Erklärungen.

»Ja, Sie haben recht, es handelt sich um eine spannende Himmelserscheinung. Wir sind es gewohnt, in Relationen zu denken, nicht in absoluten Maßstäben. Wahrnehmungstäuschungen bezüglich der Größe entstehen meist dann, wenn eine unbewusst falsche Einschätzung der Entfernung vorliegt. Der Mond kommt uns nur so groß vor, weil wir vor dem undifferenzierbaren Hintergrund keinen Bezugspunkt mehr haben.«

Herr Silverstrøm sog gierig an seiner Zigarre. Der Qualm verpestete das Abteil und vernebelte fast die Himmelserscheinung, was ihn nicht daran hinderte, seine Ausführungen auf den Punkt zu bringen.

»Es ist wie bei den Menschen. Je größer sie sich wähnen, desto näher stehen sie am Abgrund, denn dann fällt es ihnen schwer, das richtige Verhältnis zwischen Schein und Sein zu erkennen. Hochmut kommt vorm Fall, sagt man.«

Noëlle und Clas schwiegen. Sie sehnten sich nach Ruhe. Das Phänomen der Mondtäuschung interessierte sie heute nicht einen Deut.

Herr Silverstrøm brummelte noch eine Weile vor sich hin, bis er die einseitige Konversation einstellte. Dann nickte er ein.

Clas hatte endlich Zeit, ihn in Ruhe zu beobachten. Für einen Schiffsmakler, der täglich mit Tonnen von Schiffsladungen umgehen musste, hatte er eine recht zierliche Gestalt. Etwa die gleiche Größe und Statur wie Noëlle, fand Clas. Sein Gesicht war bartlos, die Haut zart, fast wie die einer Frau. Er hätte jugendlich wirken können, wenn da nicht die grauen Haare und die tiefen Sorgenfalten auf der Stirn gewesen wären. Jetzt wo er schwieg, machte Herr Silverstrøm einen durchaus sympathischen, nahezu kindlich-naiven Eindruck.

Eine Zeit lang führte die Bahnstrecke parallel zum Stecknitzkanal, auf dem die Stecknitzfahrer ihre mit Salz und Kartoffeln beladenen Kähne flussabwärts führten, um sie später wieder mühsam voller Lübecker Handelswaren flussaufwärts treideln zu müssen.

Endlich war Büchen erreicht, ein Dorf, dessen einzig Interessantes die Anbindung an die Hamburg-Berlin-Strecke war. Als hätte er seine innere Uhr nach dem Fahrplan der *Lübeck-Büchener-Eisenbahn* gestellt, wachte Herr Silverstrøm im richtigen Moment auf.

Er schaute aus dem Fenster. »Aha, Büchen. Weiterfahrt in fünf Minuten, da muss alles schnell gehen. Ankunft in Hamburg um 15:30 Uhr.«

Er öffnete das Fenster und pfiff einen Gepäckträger heran. »Rasch, rasch. Weiterfahrt nach Hamburg, doppelter Lohn. Wenn wir den verpassen, tragen Sie nicht nur das Gepäck, sondern auch die Folgekosten!«

Mit einem kurzen »Hab die Ehre!« verabschiedete sich Herr Silverstrøm von den beiden Mitreisenden und verschwand eiligen Schritts. Der Gepäckträger sammelte die Koffer auf und folgte ihm.

Den Koffer unter Noëlles Sitz übersah er in der Hektik, doch schon war Herr Silverstrøm samt Gepäck im Anschlusszug nach Hamburg verschwunden. Jedenfalls fast seines gesamten Gepäcks.

Noëlle und Clas blieben seelenruhig sitzen. In zehn Minuten ging es wieder nach Lübeck zurück. Diesmal waren sie allein im Abteil und genossen die Ruhe.

Nachdem der Zug im Lübecker Bahnhof wieder angekommen war und Noëlle aufstand, stieß sie gegen den Koffer unter ihrem Sitz. »Den muss Herr Silverstrøm in Büchen vergessen haben.«

»Am besten wir geben ihn in der Bahnhofsverwaltung ab. Was sollen wir uns mit dem Zeug fremder Menschen rumärgern!«

»Nein«, schlug Noëlle vor. »Wir nehmen ihn mit nach Haus, wir haben ohnehin kein Gepäck dabei. Wir werden ihn dann in Ruhe durchstöbern. Vielleicht finden wir einen Hinweis auf seine Adresse, dann können wir ihn benachrichtigen.«

In Wirklichkeit waren Noëlles Gedanken woanders. Vielleicht finde man etwas Brauchbares für sich selbst.

Clas schlief schon, als Noëlle heimlich den Koffer öffnete. Ein Herrenanzug, Oberhemden, Schuhe und diverse Kleinigkeiten kamen zum Vorschein. Den dunkelbraunen zweireihigen Frack mit bordierten Säumen probierte sie gleich an. Er passte ihr, als wäre er für sie maßgeschneidert.

Zwischen den Oberhemden lag ein Holzkasten, in dem sich zu Noëlles Überraschung ein kleiner Revolver samt Zubehör befand. Er hatte einen kunstvoll verzierten Elfenbeingriff.

»Von wegen Schiffsmakler. Wer weiß, was dieser redselige Herr León Silverstrøm wirklich treibt!«

Mitten in der Nacht schrie Noëlle im Schlaf auf. Clas schreckte hoch und rüttelte sie wach: »Was ist mit dir? Es macht mir Angst, dich so schreien zu hören.«

Noëlle war völlig verwirrt. Sie schwitzte und blinzelte Clas mit glasigem Blick an. »Wer hat geschrien? Und was? Wenn man sich nur erinnern könnte! Im Kopf ist´s ein Durcheinander.«

»Es klang so wie *Mutter!* Du musst irgendetwas aus deiner Kindheit geträumt haben.«

»Aus der Kindheit? - Ja, warte, langsam kommt die Erinnerung zurück. Es war in unserem Haus in Hamburg. Vater war schon lange tot, da gab es eine Szene, die immer wieder auftaucht, in Träumen, in Erinnerungen, im Unterbewusstsein.«

»Erzähl sie mir, vielleicht hilft dir das, sie loszuwerden.«

»Ja, du hast recht. Die Geschichte hat noch niemand gehört. Du bist der Erste. Vielleicht war es kein Traum, vielleicht war es Wirklichkeit. Es war an einem Herbsttag vor vielen, vielen Jahren.«

*

Der Postbote kommt an diesem Tag nur mit einem Brief für meine Mutter. Ich stecke ihn unter meine Küchenschürze. Sie hat mir verboten, persönlich an sie gerichtete Briefe offen liegen zu lassen.

»Dein Vater darf sie nicht sehen, er wird so schnell eifersüchtig,« ermahnt sie mich ständig aufs Neue. Anfangs fand ich das merkwürdig, denn Vater war schon lange Zeit tot. Doch ich gewöhnte mich an ihre Schrullen.

Eine Tochter hat zu schweigen und zu gehorchen.

Sie pflegt lange im Bett zu liegen, weil sie an Schlaflosigkeit leidet. Ich höre sie oft nachts ruhelos im Schlafzimmer hin und her gehen oder durchs Haus laufen. Erst in den frühen Morgenstunden schläft sie vor Erschöpfung ein.

Es ist schon recht spät, als sie in den Salon kommt. Ich bin mitten im Hausputz, lehne den Besen an die Wand und wische mir die Hände an der Schürze ab. Dann rücke ich ihr den Stuhl so, dass sie zum Fenster schauen kann, und bringe ihr die Laute.

Das gehört zum Ritual.

Dann wird es wieder still im Haus. Seit ich mich erinnern kann, gleicht das Haus einer Einsiedelei. Keine Kinder toben durch die Flure, niemand kommt zu Besuch, kein Handwerker tritt über die Schwelle.

Nur der Postbote bringt hin und wieder einen Brief.

Mutter improvisiert auf ihrer Laute ein paar belanglose Melodiefolgen. Die fahlen Sonnenstrahlen vermögen es nicht, ihr blasses Gesicht zu Leben zu erwecken.

Übermüdet sieht sie aus, das kann auch das achtlos aufgetragene Rouge nicht verdecken. Die Falten um ihre Augen sind an diesem Vormittag besonders ausgeprägt.

Sie riecht nach Schlaf und Schweiß.

Sie hat eine Jacke mit einem Pelzbesatz vom weißen Winterfell des Hermelins angelegt, das mit dem Feh, den kleinen schwarzen Schwanzspitzen des russischen Eichhörnchens, verbrämt ist.

Wie eine in die Einsamkeit verbannte Königin, die sich einen Rest an Würde und Glanz erhalten will.

Der für einen Alltag etwas übertriebene Schmuck, eine Perlenkette, ein Perlenohrgehänge und eine perlbestückte Haarnadel, verstärken diesen Eindruck.

Ich warte den richtigen Moment ab. Sie wendet ihren Kopf leicht zu mir herüber und sieht mich mit fragendem Blick an, ohne mit dem Lautenspiel aufzuhören.

Ich halte ihr den Brief hin. Auf der Rückseite leuchtet ein großes rotes Siegel.

Sie unterbricht ihr Spiel, legt die Laute auf ihren Schoß und nimmt den Brief in die Hand.

Jetzt muss ich mich zurückziehen. So will es das Ritual. Nicht zu weit, aber auch nicht zu nah. Ich muss jederzeit erreichbar sein, falls sie einen ihrer Anfälle bekommt.

Ich stelle mich ans Fenster und blicke auf die Straße. Draußen ist niemand.

Im Fensterglas spiegelt sich ihr Bild.

Sie dreht den Brief eine Weile hin und her. Dann ruft sie mit verstellter Stimme: »Er ist von ihm, ich erkenne es an der Handschrift.«

Sie sagt das nicht zu mir, sondern zu sich selbst. Ich weiß, dass ich schweigen muss.

»Er liebt mich, ich spüre seine Zuneigung durch den geschlossenen Umschlag hindurch. Er wird mich zum Essen einladen. Oder besser noch, er kündigt seinen Besuch an. Er wird zu mir kommen und mich um meine Hand bitten. Ich habe es geahnt. Er kann jeden Augenblick vor der Tür stehen. Gut, dass ich mich heute besonders schön gemacht habe.«

Sie rudert mit der Hand, in der sie den Brief hält, in weitem Bogen durch die Luft, wirft den Kopf ruck-

artig nach hinten und stößt ein flatterndes Lachen aus.

»Er steht bestimmt schon auf der Straße. Ich höre seine Schritte. Schau mal nach! Die Nachbarn reden bestimmt über uns. Sie mochten mich noch nie. Aber sie werden sich wundern, wie glücklich wir sein werden.«

Auf der Straße spielen jetzt zwei Kinder mit einem Peitschenkreisel. Sie machen das sehr geschickt, sodass der Kegel lange Zeit nicht umkippt.

»Decke sofort den Tisch! Für zwei Personen, ganz fürstlich und intim. Das Silberbesteck und die Kerzenständer aus der Vitrine. Die beiden Kristallpokale und den besten Wein, den wir haben. Und vergiss nicht die goldbestickten Servietten.«

Sie versteckt den Brief in ihrem Ausschnitt. Dann greift sie wieder zur Laute.

»Ich werde ihm ein Ständchen spielen, wenn er mir den Heiratsantrag macht. Bring mir den Notenständer und die Noten, die dort hinten auf dem Stuhl liegen. Ich muss noch üben, es soll perfekt klingen.«

Ich tu wie mir befohlen. Hinter dem kunstvoll verzierten, schmiedeeisernen Notenständer wirkt sie wie verloren. Es scheint, als verstecke sie sich hinter den aufgeschlagenen Notenblättern.

Auf dem Einband steht Französische Lautenstücke. Er ist vergilbt und hat Eselsohren.

Ich verstehe einiges von Musik. Wie französische Lautenmusik klingt das nicht, was sie da ihrem Instrument entlockt. Es klingt in meinen Ohren ehrlich gesagt ziemlich schlecht. Früher, als sie noch jünger war, konnte sie besser spielen.

»Oh, eine wunderbare Musik. Wie brillant sie mir von der Hand geht. Nie war ich so gut wie heute. Er wird mich bewundern.«

Sie schließt die Augen. Nun wird mir klar, dass sie überhaupt nicht nach Noten spielt. Sie brabbelt lächelnd vor sich hin. Ich kann kein Wort verstehen.

Draußen erscheint die Nachbarin und jagt die Kinder von der Straße. Die stecken ihr Kreiselspiel ein und verschwinden.

Leise setze ich meine Putzarbeiten fort, so, dass ich meine Mutter nicht störe. Hin und wieder werfe ich ihr einen flüchtigen Blick zu.

Nach einer Weile öffnet sie die Augen und legt die Laute vor sich auf den Boden. Sie tut so, als würde sie mich nicht sehen. Aber ich weiß, dass sie mich sehr wohl wahrnimmt. Sie braucht meine Anwesenheit.

Das gehört zum Ritual.

Sie seufzt leise. »Ich muss noch besser werden. Mein Fingersatz ist zu sperrig. Und stimmen muss ich die Laute auch.«

Sie zieht den Brief aus ihrem Ausschnitt. »Er wird mir viel zu erzählen haben. Von seinen Plänen, wenn wir zusammen sind. Von unseren Kindern. Das Haus muss gründlich renoviert werden.«

Sie dreht den Brief noch ein paar Mal herum, ehe sie ihn vorsichtig mit ihrer Haarnadel öffnet. Während dessen plaudert sie weiter. »Und im Garten werden wir einen Kirschbaum pflanzen. Er liebt Kirschen. Den alten Rosenstock unterm Schlafzimmer muss ich ausgraben. Er schwächelt seitdem Er dort liegt. Wahrscheinlich verträgt er das Pflanzengift nicht. Er mochte keine Rosen, wegen der Dornen. Ich auch nicht.«

Sie ritzt sich mit der Spitze der Haarnadel in den linken Daumen. Ein kleiner Blutfleck bildet sich, als hätte sich ein Marienkäfer auf ihrer blassen Hand niedergelassen. Sie achtet nicht darauf, zieht den Briefbogen aus dem Umschlag und beugt sich vor, sodass ich nichts Näheres erkennen kann.

»Du hast viel geschrieben«, höre ich sie flüstern. »Was für eine schöne Handschrift du hast, so stolz und gleichmäßig. Eine ganze Geschichte. Die Geschichte einer großen Liebe. Ja, es ist Zeit, dass du es mir sagst. Ich würde es nicht ertragen, wenn du mich anlögest. Es wäre Gift für mich.«

Sie wirft den Brief samt Umschlag auf den Boden. Dann greift sie wieder zur Laute und beginnt sie zu stimmen. Währenddessen wiederholt sie ununterbrochen den letzten Satz.

»Es wäre Gift für mich.«

Es folgt ein trockener Knall. Eine Saite der Laute ist durch das unkonzentrierte Stimmen gerissen.

Einen Augenblick erstarrt sie und blickt mit weit aufgerissenen Augen auf den Notenständer vor sich. Ihr Gesicht ist rot angelaufen.

Plötzlich lacht sie hysterisch auf: »Er hat eine andere! – Er liebt eine andere!«

Sie springt so heftig von ihrem Stuhl auf, dass der nach hinten kippt, rennt den Notenständer um, dass die Noten auf den Boden fallen, und wirft die Laute hinterher, was einen hohlen Missklang hervorruft.

Ich will sie aufhalten, doch das Geräusch der gequälten Laute scheint sie schlagartig zur Besinnung zu bringen. Sie hält mitten in der Bewegung inne. Ihre Lippen verziehen sich zu einem unnatürlich sanften Lächeln. Sie atmet schwer und unregelmäßig.

Dann befiehlt sie tonlos: »Er kommt morgen wieder. Sorge dafür, dass die Tafel reichlich gedeckt ist. Ich muss mich jetzt ausruhen. Die Dornen töten mich.«

Nachdem sie verschwunden ist, hebe ich den Brief auf.

Ein unbeschriebenes Stück Papier. Leer, aber zweimal sorgfältig gefaltet.

Nur ein paar Blutflecken am Rand.

*

Abgekämpft nach achtstündiger Fahrt, aber glücklich, verließ Émile Fouqué den Zug aus Berlin über Büchen, der um 15:40 Uhr auf dem Lübecker Bahnhof ankam. Als viel beschäftigter Geschäftsführer von Krolls Etablissement, einem Berliner Theaterhaus, das der Staatsoper Unter den Linden durchaus Konkurrenz machte, hatte er sich den Urlaub im Seebad Travemünde redlich verdient.

Er ließ sich bewusst Zeit, den Fuß vom Trittbrett des Waggons 1. Klasse auf die Bahnsteigkante zu setzen. Immer wenn er mit der Bahn unterwegs war, und sein Beruf zwang ihn oft dazu, genoss er diese kleine Zeremonie. Für ihn war dieser kleiner Schritt wie das Betreten einer fremden Bühne, das Eintauchen in eine andere Welt.

Als Erstes nahm er sich vor, in den nächsten 14 Tages alles nur mit halber Geschwindigkeit zu machen, und dann beschloss er, in dieser Zeit keinen einzigen Gedanken auf das Geschäftliche zu verschwenden. Nur Sonne, Meer, Strand und Faulenzen sollten seinen Tagesablauf bestimmen.

Eigentlich hieß er Emil Voss, so stand es in seinem Ausweis. Als gescheiterter Sologeiger hatte er sich nach einem anderen Betätigungsfeld umsehen müssen und landete in Krolls Etablissement. Um sich erfolgreich in der Welt der Oper durchzuboxen, meinte er, sich den Künstlernamen Émile Fouqué zulegen zu müssen. So kannte man ihn in Berlin. Hier in Lübeck wollte er inkognito bleiben und als Emil Voss wieder zu sich selbst zurückzukehren. Den ersten Tag wollte er in der Hansestadt verbringen, um sich die Altertümer der Stadt anzusehen, dann sollte es an die Travemünder Kurpromenade gehen.

Nachdem ihm die ersten Schritte auf dem Bahnsteig ein wohliges Gefühl von Urlaub gegeben hatten, rief er einen der vielen Gepäckträger, die mit ihren Karren auf Kundschaft warteten.

»Hotel Stadt Hamburg. Aber nicht mit der Kutsche. Zu Fuß bitte. Ich möchte mir die Stadt in Ruhe erobern.« Ein kräftiges Trinkgeld sorgte dafür, dass sein Wunsch sofort in die Tat umgesetzt wurde.

Als er aus der Bahnhofshalle hinaustrat, empfingen ihn ein Gedrängel und ein Stimmgewirr, als hätte er sich auf einen Jahrmarkt verirrt. Lübeck hatte er sich beschaulicher vorgestellt. Na hoffentlich wird´s was mit dem erholsamen Urlaub.

Mühsam kämpfte sich der Gepäckträger einen Weg durch die Menschenmenge, Emil im Kielwasser hinter sich herziehend.

»Was ist denn hier los?«, fragte Émile bei passender Gelegenheit.

»Heute ist ein Volksfest vor dem Holstentor, mit Musik und Tanz.«

»Dann machen Sie einen Bogen drum herum. Ich hasse Menschenansammlungen, und von Musik will ich im Urlaub keinen Ton hören.«

Daraus wurde nichts. In dem Moment setzte entfernt eine Musik ein, die ihn sofort neugierig machte. Ein kraftvolles Allegro mit pulsierenden Tremolofiguren, über denen sich erwartungsvoll aufsteigende A-Dur-Dreiklänge aufbauten. Allegro aperto. Offenherzig, Aufbruchsstimmung, jugendlicher Übermut.

»Das kenne ich. Mozarts A-Dur Violinkonzert. Das habe ich auch mal gespielt«, erklärte er stolz dem Gepäckträger, der sich allerdings wenig daraus machte.

»Er komponierte es in dem Moment, als er beschlossen hatte, mit dem Geigenspiel aufzuhören. Es ist gewissermaßen der Abgesang seiner eigenen Karriere als Sologeiger. Er wollte sich fortan nur noch dem Klavierspiel widmen. - Passen Sie auf, gleich kommt die tolle Stelle, wo Mozart mit der Erwartungshaltung der Zuhörer spielt. Statt das Einleitungsthema des Orchesters aufzugreifen, bremst der erste Einsatz der Solovioline das Tempo und intoniert ein Adagio, das wie das zärtliche Flehen einer Primadonna wirkt. Und die Tuttigeigen begleiten sie mit besänftigenden Terzen. Wie in einer echten Opernszene. – Da, jetzt setzt die Solovioline ein.«

Was jetzt folgte, verschlug ihm die Sprache. Er blieb stehen. Dieser Geigenklang! So etwas hatte er noch nie gehört. Kraftvoll und dennoch zart, leise aber durchdringend.

»Was für ein talentierter Geiger, den muss ich mir aus der Nähe ansehen!«

»Umwege und Pausen kosten extra«, mahnte der Gepäckträger. Émile Fouqué achtete nicht auf ihn und drängte sich näher an die Bühne heran.

Jetzt kamen die virtuosen Stellen mit ihren großen Tonsprüngen. »Meisterhaft macht er das. Und so leicht, als wär es ein Kinderspiel. – Eine Frau mit einer blauen Geige? Wer ist das?«

»Kenn ich nicht«, antwortete der Gepäckträger. »Ich weiß nur, dass man sie die *Geigerin vom Holstentor* nennt. Das ganze Theater ist nichts als eine Werbeveranstaltung für den Erhalt des Holstentors. Wenn's nach mir ginge, sollen sie das Ding ruhig abreißen und eine gerade Straße in die Innenstadt bauen, dann habe ich nicht so zu schleppen.«

Émile interessierte sich nicht für den Erhalt des Holstentors. Er drückte dem Träger ein reichliches Trinkgeld in die Hand. »Gehen Sie schon mal voraus, und liefern Sie die Koffer im Hotel ab. Ich komme später nach.«

Lustlos verabschiedete sich der Mann. Émile jedoch verfolgte das Konzert mit Feuer und Flamme. Vergessen war sein Vorsatz, im Urlaub keinen musikalischen Ton hören zu wollen. Er kämpfte sich durch die Menschenmenge hindurch. Die meisten achteten wenig auf die Musik. Für sie war es alles in allem ein Volksfest. Witwe Hörner versorgte sie mit reichlich Bier. Man traf sich und plauderte miteinander. Ab und zu klatschte man spontan Beifall, wenn die Solistin ein besonders virtuoses Kunststück vollführte.

Jetzt spielte Noëlle den langsamen Satz. Émile liebte ihn, auch wenn er ihm etwas zu melancholisch vorkam. Zum Glück übertrieb sie nicht, wie er fand, die vielen Seufzerfiguren, sodass die Musik nicht zu schwermütig wurde. Alles klang ausgewogen.

Bis sich plötzlich ein Fremdkörper in den Klang einmischte, der nach und nach lauter wurde. Von der Stadtseite näherte sich eine Blaskapelle, deren Musik sich nicht mit der Mozarts vertrug.

Das Musikkorps der Dragoner unter der Leitung von Torkuhls Schwager rückte gnadenlos im Gleichschritt mit Pauken und Trompeten näher. Vorneweg ein kleiner Junge, Torkuhls Jüngster, der ein Schild stolz in die Höhe streckte, auch wenn er sicherlich nichts von dessen Bedeutung verstand.

Holstentor weg! stand da in breiter, ungeübter Schrift.

Zunächst hielten einige Leute das Geschehen für einen überraschenden Höhepunkt der Veranstaltung und klatschten begeistert im Takt der Musik mit. Doch bald stellte sich heraus, dass es sich um eine Provokation handelte.

Das Orchester versuchte, mit dem Mozart Adagio gegenzuhalten. Doch als die Blaskapelle das Holstentor umrundet hatte und dicht an der Bühne vorbei kam, brach dort oben alles auseinander. Gegen den Krach im Viervierteltakt konnte niemand ankommen.

Plötzlich trumpfte Noëlle auf. Mit voller Kraft führte sie den Bogen ihrer Geige und stimmte sich einfach in die Melodie der Blaskapelle ein. Das war nicht besonders schwer, da diese Musik nur aus dem Ableiern von drei Akkorden bestand.

Jetzt war es an den Dragonern, unsicher zu werden. Instinktiv spielten sie leiser, wie es Musiker tun, wenn sie merken, dass ein Solist mit geballter Autorität vor ihnen steht. Nach und nach machten es die

Orchestermusiker Noëlle nach und improvisierten ebenfalls zur Blasmusik.

Den Militärmusikern jedenfalls gefiel es. Die meisten hatten noch nie Gelegenheit, mit *richtigen* Musikern zusammenzuspielen. Musik verbindet eben.

Torkuhls Schwager blieb nichts anderes übrig, als mitten in der Marschmusik das Kommando zum Stillstand zu geben. Die Formation der Dragoner löste sich rasch auf, und alle, sowohl auf der Bühne als auch vor der Bühne, spielten das Musikstück weiter, jetzt von Noëlle angeführt, deren energischer Geigenklang das Ganze zusammenhielt.

Inzwischen hatten sich Clas und Milde an den Jungen mit dem Schild herangemacht. Milde drückte ihm einen Schilling in die Hand: »Hier, kauf dir was dafür bei der Kuchenfrau. Du hast deine Aufgabe glänzend erfüllt.« Dann holte Milde einen der Kohlestifte hervor, die er stets in der Jackentasche mit sich herumtrug, um rasch eine Skizze festhalten zu können, und vervollständigte den Schriftzug auf dem Schild mit wenigen Strichen.

Vom Holstentor die Hände weg! Das Wort *Hände* führte er dabei in Form einer kleinen Meisterskizze aus.

Der Militärmarsch klang unter dem Jubel der Menschenmenge aus. Als wieder Ruhe eingekehrt war, setzte Torkuhls Schwager zu einem weiteren Marsch an, um sich die verlorene Autorität zurückzuerobern. Doch die Witwe Hörner bemerkte das. Sie wusste, was in dieser Situation zu tun war. Sie kannte die Dragoner, die in den letzten Jahren ein ziemliches Lotterleben in der Stadt führten.

»Freibier für die Dragoner!«

Nun war es mit der Disziplin des Musikkorps völlig vorbei. Die Musiker stellten ihre Instrumente neben der Bühne ab, legten ihre Mützen daneben, öffneten die beengenden Uniformjacken und stürzten zum Bierstand.

Ferdinand Stoofs, Hinrich Kroner und Andreas Torkuhl, die geistigen Väter der gescheiterten Blasmusikattacke, hatten das Geschehen aus sicherer Entfernung mitverfolgt. Als angesehene Geschäftsleute wollten sie mit dieser Provokation nicht in Zusammenhang gebracht werden.

Kroner stieß seinem Kumpan Torkuhl wütend in die Seite: »Idiot! Ich hab´s ja gleich gesagt: Mit Zündeln hätten wir mehr Erfolg gehabt.«

*

Friedrich Wilhelm Mantels nutzte die Unterbrechung und schwang sich auf die Bühne. Das umfunktionierte Schild *Vom Holstentor die Hände weg!* nahm er mit und steckte es triumphierend an den Bühnenrand. Als Lehrer verfügte er über eine kraftvolle Stimme. Schnell hatte er sich Gehör verschafft.

»Wir wollen uns ja freuen, dass Mauern und Türme uns nicht mehr zu sichern brauchen gegen ein fehdevolles, gesetzloses Treiben da draußen. Wir wollen den Augenblick begrüßen, wo die Torsperre Stadt und Land nicht länger trennen wird. Mit Freuden wollen wir Tor und Wall niederreißen, wo es darum zu tun ist, Licht und Luft einzulassen, und uns nicht hinter dumpfe Mauern verstecken.

Aber wir wollen auch nicht mutwillig der alles vernichtenden Zeit vorgreifen und einen den Jahrhunderten trotzenden Bau, der ein glänzendes Denkmal der Vorzeit ist, mit eigner Hand zerstören. Wir bedürfen solcher lebendigen Zeugen der Geschichte unter uns, zur Mahnung, dass wir uns nicht unähnlich werden, zum Trost, wenn wir uns gar zu klein vorkommen sollten, zur Belehrung, wo wir uns die Vorzeit anschaulich ins Gedächtnis rufen wollen.

Wir wissen doch, was wir unsern Vätern danken, und wollen alle ihr Gedächtnis in treuem Herzen bewahren. Wir erkennen und loben die Sparsamkeit zum Besten des Gemeinwesens: Sie ist eine städtische, eine hanseatische Tugend. Aber mit ihr Hand in Hand hat von jeher ein zweiter Grundsatz bei uns geherrscht: Keine Ausgabe zu hoch, wo es die Ehre der Stadt gilt! – Unsere Parole lautet: Vom Holstentor die Hände weg!«

Nach dem brausenden Beifall der Menge, selbst die Dragoner stimmten mit ein, fand es Noëlle an der Zeit, endlich den letzten Satz des Violinkonzerts zu spielen.

Inzwischen hatte sich Émile Fouqué bis an den Rand der Bühne durchgekämpft. Voller Bewunderung verfolgte er, wie scheinbar mühelos die Solistin ihrem Instrument die schwierigsten Passagen abforderte.

Die Zuhörer gingen begeistert mit. Das unbeschwerte Rondo-Thema konnten mehrere von ihnen mitsingen. Es war ein Gassenhauer. Man schunkelte im Dreiertakt. Vergessen war der merkwürdige Auftritt der Dragoner. Die Meisten dachten, er gehörte zur Aufführung dazu.

Das Wechselspiel zwischen Sologeige und Orchester steigerte sich, bis es plötzlich einer romantischen Mollepisode Platz machte. Nun zeigten sich die Lübecker von ihrer zart beseelten Seite. Viele umarmten sich und träumten: Möge uns das Holstentor lange erhalten bleiben.

Doch Mozart war immer wieder eine Überraschung wert. Als wäre es eine Opernszene, verwandelte sich die Musik in einen turbulenten Türkischen Marsch mit fremdartigen Harmonien und martialischen Rhythmen. Die tiefen Streicher behandelten ihre Instrumente, als wären sie Trommeln einer Janitscharenkapelle. Die Dragoner, die am Bierstand ihr drittes Freibier hinunterkippten, waren versucht, zu ihren Instrumenten zu greifen und mitzumachen.

Dann kehrte der Gassenhauer vom Anfang zurück. Jetzt sangen alle mit. Keine Frage, das Holstentor wird für alle Zeiten stehen bleiben. Eine schönere Kulisse für ein Freiluftkonzert gab es in ganz Deutschland nicht.

Eigentlich erwartete man ein grandioses Finale. Doch Mozart wollte seine Zuhörer mal wieder an der Nase herumführen. Noëlle tat das ihrige, um diesen Effekt zu verstärken. Sie ließ die Musik einfach auspendeln, als wollte sie sich auf leisen Sohlen davonmachen.

Und Noëlle nahm das wörtlich. Kaum war der letzte Ton verklungen, verschwand sie unauffällig hinter der Bühne. Clas hatte das vorausgeahnt und empfing sie mit einer Decke, die er ihr um die Schulter legte. Sie setzten sich auf einen Mauervorsprung zwischen Holstentor und Bühne, wo sie etwas Ruhe vor der Menschenmenge hatten.

»Wunderbar hast du das gemacht, Noëlle. Am liebsten würde ich mich jetzt mit dir ins Innere des Holstentors zurückziehen, auf das Lager des grauen Heinrichs.«

Doch Noëlle wehrte ab. »Nein, das ist jetzt nicht der richtige Moment dafür. Die Sache mit den Dragonern hat uns zu schaffen gemacht. Gut, man hat deinetwegen und eurer Sache wegen mitgespielt. Aber plötzlich kam der Eindruck, nicht die Musik, sondern die Politik würde im Mittelpunkt stehen. Wenn ein Musiker auf einer Bühne stehe, will *er* bestimmen, was gespielt wird. Für ihn ist das eine Frage der eigenen Freiheit. Er will kein Werkzeug in den Händen anderer Menschen sein. Es wäre schön, wenn du das verstehen könntest.«

Clas wollte antworten, doch in diesem Moment erschien Émile Fouqué. »So etwas habe ich noch nie gehört! Ich meine nicht nur das Mozartkonzert, sondern auch Ihr Stegreifspiel bei diesem Zwischenfall mit dem Musikkorps. Und dann dieses unvergleichliche Instrument. Eine blaue Geige! Meisterlich, wie Sie ihr diese enorme Klangvielfalt entlocken können. Erlauben Sie mir, Ihnen mein Kompliment auszudrücken. Ich bin ein absoluter Bewunderer Ihrer Kunst.«

Noëlle freute sich zwar über die unerwartete Anerkennung, doch im Augenblick sehnte sie sich nach etwas Ruhe und winkte freundlich ab.

Émile ließ sich nicht so einfach abschütteln. Er zog eine Visitenkarte hervor und reichte sie ihr. »Fouqué. Émile Fouqué, Geschäftsführer von Krolls Etablissement Berlin. Wir sind ein angesehenes Theaterhaus, und ich bin stets auf der Suche nach neuen Talenten. Gestatten Sie, dass ich gleich auf den Punkt

komme. Ich würde Sie vom Fleck weg für einen Ex-
klusivauftritt in Berlins führendem Opernhaus engagieren. Die Höhe der Gage bestimmen Sie, und Reise,
Verpflegung und Unterkunft sind natürlich inbegrif-
fen.«

Émile griff erneut in die Tasche und warf ihr eine
beachtliche Summe an Courant Mark in den Schoß.
»Wenn Sie ja sagen, wäre es ein erster Vorschuss.
Wenn sie ablehnen, verstehen Sie es bitte als Obolus
für Ihre Trinkgeldkasse. Also, was ist?«

Noëlle machte ein ziemlich ratloses Gesicht. Einerseits war das Angebot verlockend, ein Durchbruch
in ihrer Karriere. Natürlich hatte sie schon von Krolls
Etablissement gehört. Dort trat die musikalische
Weltelite auf. Andererseits ging das alles so schnell.
Sie fürchtete, einem Schwindler, einem Hochstapler
auf den Leim zu gehen.

Der Theateragent bemerkte Noëlles Unentschlossenheit. »Vielleicht überlegen Sie es sich in Ruhe und
schlafen eine Nacht drüber. Wenn Sie Lust haben,
können wir uns ja morgen Vormittag treffen und die
Details in Ruhe besprechen. Sie finden mich im Hotel
Stadt Hamburg.«

1. Zwischenspiel
Versuchungen

Zufälligerweise riss die graue Wolkendecke in dem Moment auf, als Frau Senator Eleonora Puthkofer aus ihrem Haus hinaus auf die Königstraße trat. Die Sonnenstrahlen wärmten und verbreiteten gute Laune. Endlich für ein paar Stunden raus aus der großbürgerlicher Kälte des klassizistischen Stadtpalastes, wo man aus Gründen der Vornehmheit den ganzen Tag die Samtvorhänge zur Straßenseite halb geschlossen hielt, um die kostbaren Louis-seize Möbel nicht unnötig dem Tageslicht auszusetzen.

Eleonora war froh, dass sie ihr leichtes, schlichtes Ausgehkleid angelegt und auf die Bergère mit der flachen, breiten Hutkrempe verzichtet hatte. So kam ihre *Coiffüre à deux coques* gut zur Geltung.

Die Leute auf der Straße grüßten freundlich. Gut sieht die Frau Senator aus. Nicht zu vornehm, aber doch elegant. Wie eine reife Frau von Welt und dennoch jugendlich frisch. Eigentlich schade, dass sie so einen verkalkten, schrulligen Ehegatten hat. Senator und hartnäckiger Vertreter des Pietismus, was eigentlich nicht zusammenpasst. Aber immerhin ist er steinreich.

Sie bog in die Pfaffenstraße ein, ohne ein bestimmtes Ziel im Sinn zu haben. An der Ecke zur Breiten Straße blieb sie vor einem Schaufenster stehen. Kaffeehaus und Konditorei Dührkopp. Die Auslagen weckten Appetit, doch als Ehefrau eines stadtbekannten Pietisten wollte sie den Versuchungen der weltlichen Genüsse widerstehen.

Im Laden war Hochbetrieb. Durch die Schaufensterscheibe beobachtete Eleonora, wie die Angestellten hin und her laufen mussten, um den Wünschen der Kunden gerecht zu werden. Mitten in dem hektischen Menschenstrudel entdeckte sie einen jungen Mann, der wegen seiner exquisiten Kleidung ihre Aufmerksamkeit erregte: Ein hoher Hemdkragen, der mit einer ockerfarbigen Seidenfliege abgeschlossen war. Darüber ein dunkelbrauner zweireihiger Frack mit bordierten Säumen, vorn mit Ausschnitt, der den Blick auf die Weste aus goldenem Brokat freigab, dazu eine farblich zum Frack abgestimmte Wollhose, unter der schwarze Lederschuhe hervorlugten. Braune Lederhandschuhe und einen Zylinder hatte er sich unter den Arm geklemmt. Die pechschwarzen Haare waren zu einem strengen Zopf zusammengebunden.

Sicherlich ein vornehmer junger Herr, dachte Eleonora, doch als sie beobachtete, was der Mann trieb, kamen ihr Zweifel. Er streifte scheinbar unentschlossen am Tresen hin und her. Ab und zu, wenn er sich offenbar unbeobachtet fühlte, griff er sich das eine oder andere Kuchenplätzchen und verzehrte es, ohne zu zahlen.

Am Ende des Tresens, gleich neben dem Schaufenster, lag zufällig und für einen kurzen Moment das geöffnete Portemonnaie einer Serviererin, die von einem anderen Kunden abgelenkt wurde, daneben ein Tablett, auf dem ein Kuchenteller und eine Kanne Kaffee zum Austragen bereitstanden.

Eleonora konnte genau erkennen, wie sich der junge Mann mit ein paar Silbermünzen aus dem Portemonnaie bediente, sich das volle Tablett griff und damit gelassen zum letzten freien Tisch ging.

Ein Mundräuber und ein Taschendieb obendrein, empörte sie sich. Welch unchristliches Verhalten! Ich sollte die Polizei rufen, oder wenigstens Herrn Dührkopp über den Zechpreller in Kenntnis setzen. Sie kannte den Hausherrn. Ein rigoroser Geschäftsmann, der würde den Dieb gleich vom Büttel in den Kerker setzen lassen. Allerdings machte das weiche, bartlose Gesicht des jungen Mannes einen solch unschuldigen Eindruck, dass sie beschloss, das Problem auf eine andere Art zu lösen.

Ich muss versuchen, diesen Menschen auf den Pfad der Gerechten zurückzuführen.

Sie betrat die Konditorei und steuerte auf den Tisch zu, an dem der Unbekannte saß. »Ist viel los heute und wenig Platz. Ich möchte nicht aufdringlich sein, aber erlauben Sie mir bitte, dass ich mich zu Ihnen setze?«

Der Angesprochene blickte nur kurz zu ihr auf. »Aber bitte doch, keine Ursache.«

Seine Stimme klang freundlich, weich und hell, fand Eleonora. Fast wie ein Knabe. Sicherlich kein schlechter Kerl.

Als die Bedienung kam, bestellte sie: »Das gleiche wie der Herr, bitte.«

»Gern, Frau Senator Puthkofer.«

Eleonora war es unangenehm, dass ihr Tischnachbar ihren Namen erfuhr. Lieber wäre es ihr gewesen, ihre Mission unter dem Deckmantel der Anonymität zu erfüllen.

Der junge Mann schien ihre Verlegenheit zu bemerken und machte eine kurze Geste mit dem Kopf. »Nun, da ich den Namen meiner charmanten Tischnachbarin erfahren habe, wäre es unhöflich, den meinigen zu verschweigen. Gestatten: León, Schiffsmakler.«

»Oh, danke. Sehr zuvorkommend. Puthkofer, Eleonora Puthkofer, Ehefrau des mit Heringshandel befassten Schonenfahrers und Senators Friedhelm Puthkofer. - Schön, dass ich noch einen Platz gefunden habe. Ich liebe diese Konditorei. Der Kuchen hier ist wirklich exzellent. Und Sie, sind Sie öfter hier?«

»Nein, nein, ich bin eigentlich nur auf der Durchreise und habe dieses gemütliche Kaffeehaus durch Zufall entdeckt. Es passt so wunderbar in Ihre schöne Stadt, die alten Backsteinmauern, die Türme, die Tore. Das Holstentor hat mich gleich bei der Ankunft auf dem Bahnhof in den Bann gezogen, auch wenn es sehr reparaturbedürftig aussieht. Ich könnte mir vorstellen, dass die Stadtväter da noch einiges nachzuholen haben.«

»Oh, das Holstentor«, seufzte Eleonora. »Mein Mann sagt immer, das sei ein Schandfleck und behindere den Verkehr. Er setzt sich dafür ein, dass es abgerissen wird. Doch ich selbst bin mir nicht so sicher, ob man so leichtfertig mit dem Erbe umgehen sollte. Schließlich hat es jahrhundertelang die Bürger beschützt. Es ist wie beim Glauben. Man gibt doch nicht einfach seinen Glauben an Christus den Erlöser auf, nur, weil es modern ist, von Aufklärung und wissenschaftlichem Fortschritt zu schwätzen. Das wäre Verrat. Wir sind strenggläubige Pietisten. Wir haben unsere Ideale, und wir stehen zu ihnen.«

Nachdem die Bedienung Kaffee und Kuchen gebracht hatte, fand es Eleonora an der Zeit, ihren Angriff zu starten. »Hm, schmeckt ausgezeichnet, der Apfelkuchen. Finden Sie nicht auch, Herr León?«

»In der Tat, so frisch und paradiesisch herzhaft.«

»Ja, vor allem, wenn man ihn genießt, ohne ihn diesseitig bezahlt zu haben.«

León zuckte zusammen und hätte sich fast am Kaffee verschluckt: »Wie meinen Frau Senator?«

»So wie ich es gesagt habe. Ohne ihn bezahlt zu haben. Im Gegenteil, ich habe gesehen, dass Sie sich auch noch wie ein Taschendieb an der Tageskasse vergriffen haben.«

Sie hatte das so entschieden gesagt und ihn dabei fest in die Augen geschaut, dass er erst gar nicht versuchte sich auszureden. Im Gegenteil. Statt sich zu schämen, huschte über sein kindliches Gesicht ein Anflug von Stolz und Überheblichkeit.

»Sie haben recht gesehen, Frau Senator, doch Sie bewerten mich falsch. Ich bin kein gemeiner Taschendieb. Das ist nur vordergründiger Schein. Als strenggläubige Pietistin sollten Sie es gelernt haben, das Wesen der Dinge zu erkennen. Ich …«

Verärgert über die Arroganz ihres Gesprächspartners unterbrach sie ihn mit einer schneidenden Stimme, sodass die Gäste am Nachbartisch aufmerksam wurden. »Das Wesen der Dinge, Herr León? Kennen Sie nicht das siebente Gebot? *Du sollst nicht stehlen.* Was ist da das Wesentliche? Ehrlich sein nicht nur gegenüber anderen, sondern auch gegenüber sich selbst. *Wahrhaftigkeit*, manche Menschen missverstehen es mit *Moral*, ist das Gebot, das Gott uns Menschen auferlegt. Wer nicht mit eigenen Händen arbeiten will, sollte sich nicht an den Früchten der Arbeit fremder Hände bereichern. Es gibt genug Alternativen, und wenn es das Betteln ist. Ein Bettler ist in meinen Augen würdevoller als ein Taschendieb.«

Je länger Eleonora redete, umso selbstsicherer wurde León. »Ihre moralischen Ansichten in Ehren, liebe Frau Puthkofer, aber ich sehe, Sie haben mich immer noch nicht verstanden.«

Er holte seine Geldtasche hervor und warf ein paar Silberlinge auf das Tablett, mehr, als er vorhin aus dem Portemonnaie der Bedienung entwendet hatte. »Ich bin vermögend. Ich habe es weder nötig zu betteln noch zu stehlen. Und wenn es Sie beruhigt, werde ich der Bedienung ein so fürstliches Trinkgeld geben, wie sie es noch nie bekommen hat.«

Leóns Gelassenheit brachte Eleonora aus dem Konzept. »Warum dann ...«

»Immer und ewig dieses *Warum*. - Weil ich es so will. Ganz einfach. Ich will es. Mich reizt es, in das Leben anderer Menschen einzugreifen, gerade dann, wenn es scheinbar keinen Sinn macht. Dem einen stehle ich die Schillinge, dem anderen stecke ich sie wieder in die Tasche. Den einen verletze ich, den anderen tröste ich. Den einen beleidige ich, den anderen liebe ich. Jedenfalls heute. Morgen kann das schon wieder ganz anders aussehen. Für mich ist es ein Gefühl der Freiheit, mit dem Schicksal anderer Menschen zu spielen. Nehmen Sie es als den göttlichen Funken in meinem Menschsein. Da brauche ich weder die verhärteten Moralvorstellungen der Christen noch der Juden noch der Moslems noch der ich weiß nicht wie sie sich nennen. Mein Glaube an mein *Ich* ist tiefer als der an all die Schriftreligionen, die im Grunde genommen nichts anderes sind als ein Konglomerat sozialer Verhaltensregeln. Kochrezepte zum Überleben in der Wüste menschlicher Unzulänglichkeiten. Ein Eingeständnis, dass der Mensch alles andere als göttlichen Ursprungs ist.«

»Sie sind ein Ungeheuer!« Ein besseres Wort fiel Eleonora nicht ein. Es schockierte sie, was ihr Tischnachbar sagte. Aber andererseits faszinierte es sie. So radikal hatte ihr Mann noch nie mit ihr gesprochen. Er legte viel Wert auf sein gutbürgerliches Auskommen, wollte nirgendwo anecken und lebte seinen Glauben, als sei er genau das, was León meinte: ein Kochrezept für den Alltagseintopf.

León lächelte sie charmant an. »Ich spüre, dass ich Sie nicht hab überzeugen können. Aber ich hoffe, dass Sie mich jetzt ein wenig besser verstehen.«

Er winkte nach der Bedienung. »Zahlen bitte!« Dann legte er den doppelten Betrag aufs Tablett. »Stimmt so. Der Rest ist für Sie.«

Gut gelaunt half er Eleonora in den Mantel. »Ich habe eine Idee. Wie wär's, wenn ich Ihnen meine Lebensphilosophie mal in der Praxis zeige? Begleiten Sie mich, wenn Sie nichts Besseres vorhaben.«

*

León führte Eleonora zielstrebig in das Hotel Stadt London in der oberen Wahmstraße. Sie staunte über seine guten Ortskenntnisse. Schon bereute sie mitgegangen zu sein. Mit einem fremden Mann in ein Hotel gehen, das konnte angesichts ihrer Stellung schnell in einen Skandal umschlagen. Doch es kam anders, als sie dachte.

León wies sie an, in der Empfangshalle Platz zu nehmen. Dann begab er sich zur Rezeption. »Ein Einzelzimmer höchster Kategorie für eine Nacht bitte.«

»Sehr wohl der Herr. Das Kaiserzimmer mit Blick auf den Marktplatz wäre zurzeit frei. Sie reisen allein, wenn ich fragen darf?«

»Ja. Leider ist mit meinem Gepäck beim Umsteigen in Büchen etwas schief gelaufen. Es wird mit dem Abendzug nachkommen. Dummerweise sind auch meine Papiere dabei.«

»Oh, das macht nichts. Ich sehe, Sie sind in Begleitung der Frau Senator Puthkofer. Das genügt uns als Legitimation. Wenn Sie bitte hier Ihren Namen eintragen würden.«

»Ich bin heute Abend Gast bei der Familie Puthkofer. Ich trage mich natürlich gern in Ihr Buch ein, doch ich möchte Sie ernsthaft bitten, meinen Nachnamen auf keinen Fall publik zu machen. Bitte nennen Sie mich nur León.«

Im Gästebuch stand *León Rothschild, Makler, Paris.* »Sehr wohl, Monsieur León. Diskretion ist unser oberstes Gebot. Wenn Sie weitere Wünsche haben, stehe ich zur Verfügung.«

»Danke, fürs Erste nicht. Es könnte sein, dass im Laufe des Tages Post oder Waren für mich abgegeben werden. Und natürlich auch mein Gepäck. Bitte bewahren Sie es hier für mich auf, bis ich wieder zurückkomme.«

Eleonora hatte den kurzen Wortwechsel mitbekommen. Langsam begann sie Spaß an dem Spiel zu bekommen. Als León wieder zu ihr zurückkehrte, fragte sie neugierig: »Was haben Sie denn in das Gästebuch eingetragen?«

»Bei aller Verehrung, liebe Eleonora, aber ich möchte Ihnen auf keinen Fall meinen vollen Namen sagen. Das würde gegen die Spielregeln verstoßen, und ich fürchte, Sie würden mich mit ganz anderen Augen sehen. Bitte haben Sie etwas Geduld, und bitte vertrauen Sie mir. Ich werde Ihnen ganz sicher keinen Schaden zufügen oder in irgendeiner Weise Ihren Ruf schädigen.«

Er führte sie wieder auf die Straße. »Und nun lassen Sie uns nach Herzenslust durch die Stadt flanieren. Ich möchte gern ein paar Einkäufe tätigen. Sie sind natürlich mein Gast.«

Vor den Auslagen der Uhrenhandlung Engels in der Breiten Straße blieb León stehen. Alle mögliche Arten von Uhren, sogar welche mit Musikwerken, waren im Schaufenster ausgestellt, aber auch goldene und silberne Damenketten und kostbare Blumenvasen.

»Das ist genau das Richtige für mein Experiment«, meinte León. »Lassen Sie uns hineingehen, dann werden Sie sehen, wie leicht die Welt zu betrügen ist.«

»Nein«, wehrte sich Eleonora. »Man kennt mich hier, und ich will nicht in solche Sachen hineingezogen werden.«

»Aber, meine Liebe, Sie brauchen keine Angst um Ihren Ruf zu haben. Es ist nur ein Spiel, und ich verspreche Ihnen, dass Sie dabei keine Nachteile haben werden.«

Natürlich kannte Herr Engels seine Kundschaft. »Habe die Ehre Frau Senator Puthkofer. Womit kann ich dienen?«

León ergriff das Wort. »Es ist für mich. Die gnädige Frau hat mir Ihr Geschäft empfohlen. Ich bin ein Geschäftspartner ihres Mannes. Ich bin auf der Durchreise und suche ein Mitbringsel für meine eigene Frau. Im Schaufenster habe ich eine wunderbare goldene Kette gesehen. Wenn Sie die bitte hervorholen und sie der gnädigen Frau zur Probe um den Hals legen würden. Frau Senator Puthkofer hat eine ähnliche Statur wie meine Gattin.«

»Gern. Sie scheinen einen guten Blick für das Außergewöhnliche zu haben. Nicht gerade billig, aber diese Kette ist wirklich einmalig.«

Er holte die Kette aus der Auslage und legte sie Eleonora um. Als diese sich damit im Spiegel bewundern durfte, fühlte sie sich wie im Paradies. Warum kommt mein Mann nicht mal auf die Idee, mir so ein wundervolles Geschenk zu machen?

»Glaube einfach für einen Moment, die Kette sei für dich. Ein Andenken an León, den Taschendieb«, flüsterte León ihr ins Ohr, ohne dass Herr Engels es bemerkte.

»Madame sehen bezaubernd aus, wie eine Königin«, rief dieser anerkennend und überschlug rasch den enormen Gewinn des bevorstehenden Geschäfts.

»Sie vergessen, dass die Kette nicht für Madame, sondern für meine Gattin gedacht ist«, unterbrach León seine Kalkulation. »Sie gefällt mir. Ich meine jetzt die Kette, nicht Frau Senator Puthkofer. - Verzeihen Sie, liebe Eleonora, Sie gefallen mir natürlich auch. Ich nehme sie, - die Kette jedenfalls. Und bitte gravieren Sie in den Verschluss: Noëlle Rothschild. - Nein, lassen Sie das besser. Legen Sie nur eine entsprechende Karte ins Etui.«

León griff zur Jackentasche, doch dann zog er seine Hand wieder zurück. »Oh, es ist mir unangenehm, aber ich habe meine Wertsachen im Hotel liegen lassen. Würde es Ihnen etwas ausmachen, das

Etui auf meinen Namen im Hotel Stadt London hinterlegen zu lassen. Mein Diener wird sich dort um die Begleichung der Rechnung kümmern.«

»Wie der Herr wünscht. Ein Gast des Hauses Puthkofer hat mein vollstes Vertrauen.«

Nachdem die beiden das Geschäft verlassen hatten und in die Hüxstraße eingebogen waren, meinte León: »Sehen Sie, meine liebe Eleonora. So einfach ist das. Jetzt brauche ich nur noch in einer Stunde an die Rezeption meines scheinbar gebuchten Hotels gehen und kann alles einkassieren, was dort abgegeben wurde, ohne auch nur einen Pfennig zu bezahlen.«

»Das wagen Sie nicht, jedenfalls nicht, solange ich Ihr Verhalten für nicht richtig finde.«

»Sie haben recht. Ich werde es nicht machen. Aber wer weiß, vielleicht ändern Sie ja eines Tages Ihre Meinung.«

»Das setzt voraus, dass wir uns irgendwann wiedertreffen. Und da bin ich mir nicht so sicher.«

»Ich aber. Sie werden von mir Post bekommen, und dann zeigt es sich, ob Sie immer noch vorhaben, einen Taschendieb zu bekehren.«

Er rief einen Jungen herbei, der auf der anderen Straßenseite spielte. »Willst du dir einen Schilling verdienen? Dann lauf mal rüber zum Hotel Stadt London in der Wahmstraße. Sag dem Mann an der Rezeption, ein Monsieur León hätte dich geschickt. Er musste leider kurzfristig wieder abreisen. Das Etui vom Uhrenmeister Engels soll wieder an den Absender zurückgebracht werden.«

Ehe sich Eleonora versah, war León in einem der vielen Gänge verschwunden, die von der Hüxstraße über die Hinterhöfe auf andere Seitenstraßen führten. Sie nahm von ihm nur noch einen Schatten wahr und versuchte ihm zu folgen. Aber offenbar verfügte er über bessere Ortskenntnisse als sie, denn nach wenigen Minuten war León wie vom Erdboden verschluckt.

Kapitel 4 – Berliner Rhapsodie

Noëlle nahm den Frühzug um 7:30, so konnte sie noch am selben Nachmittag gegen 16 Uhr in Berlin ankommen und musste nicht unterwegs übernachten. Bis Büchen war der Zug recht voll, doch die meisten Fahrgäste wollten nach Hamburg weiterreisen.

Zwischen Büchen und Berlin war die Landschaft genauso langweilig wie das Wetter, und die wenigen Mitfahrer dösten gelangweilt und kontaktscheu vor sich hin. So hatte Noëlle gut neun Stunden Zeit, ungestört über sich und ihr Verhältnis zu Clas nachzudenken.

Das Konzert vor dem Holstentor war ein schöner Erfolg für ihn und seine Freunde gewesen. Deutlich verbreitete sich unter den Bürgern die Stimmung zugunsten des Holstentors. Das trieb den Konflikt zwischen ihm und seinem Vater auf den Höhepunkt. Clas und seine Sachen wurden kurzerhand aus dem Elternhaus hinausgeworfen, und Schuld aus Sicht der Eltern war natürlich sie, die ungebetene Geliebte aus dem Künstlermilieu.

Kaum war er in ihre kleine Wohnung bei der Burgtreppe eingezogen, begannen auch schon die Spannungen zwischen den beiden. Am Abend vor Noëlles Berlinfahrt gab es eine ernste Auseinandersetzung.

Es fing ganz harmlos an. »Deine Reaktion auf die Provokation durch die Blasmusikkapelle war wunderbar«, schwärmte Clas. »Das hat unserer Bewegung viel Sympathie eingetragen. Jetzt kommt es darauf an, die Gunst der Stunde auszubauen. Vielleicht hilfst du uns weiterhin mit deiner Musik.«

»Ach, weißt du, eigentlich hat man das nicht aus politischen Gründen gemacht. Vielmehr hat die musikalische Herausforderung gereizt. Einen Mozart sollte man sich nicht so einfach verderben lassen.«

»Aber es war ein durchschlagender Erfolg. Du siehst, dass du mit deiner Musik die Menschen verändern kannst.«

»Du bist ein Träumer! Mit Musik kann man die Menschen nicht verändern. Man kann sie für einen Moment mitreißen. Aber, wer weiß, bei nächster Gelegenheit fallen sie dir in den Rücken.«

»Ich versteh dich nicht. Das Konzert hat dich berühmt gemacht. Du wirst geliebt, du bist in den Augen vieler Menschen ein Vorbild. Zählt das denn nicht?«

»Aber es hat auch Feinde geschaffen. Oder meinst du, dein Vater wird uns beide plötzlich mit offenen Armen empfangen?«

»Mein Vater mit seinen pseudofortschrittlichen Anschauungen und seiner Abneigung gegen eine Straßenmusikerin ist mir egal. Soll er mich doch enterben. Ich will meinen eigenen Weg gehen. Ich brauche ihn nicht mehr.«

»Aber jetzt brauchst du sie. Ohne sie würdest du auf der Straße liegen. War das die Sache wirklich wert?«

»Natürlich. Ich liebe dich. Du bist für mich die wertvollste Person der Welt.«

»Jetzt wirst du auch noch poetisch. Das Wort *Liebe* ist so schnell ausgesprochen. Liebe zeigt sich erst, wenn man ein Leben lang miteinander verbracht hat. Und um das zu beurteilen, sind wir beide im Moment noch zu jung. Du solltest Zuneigung und körperliche Nähe nicht mit Liebe verwechseln.«

Der Zug steuerte Boizenburg an. In der Ferne konnte Noëlle das hell schimmernde Band der Elbe erkennen. Im Abteilfenster spiegelte sich ihr Gesicht. Du bist jünger geworden, fand Noëlle. Viel jünger als vor wenigen Monaten, als du dein abgespanntes Gesicht im Schaufenster der Bäckerei wiederfandst, kurz bevor du der blauen Geige begegnetest. Ist es die blaue Geige, ist es der Erfolg deiner Musik, der dich jünger macht, oder ist es Clas Zuneigung, die er für Liebe hält?

»Ja, wir sind noch ziemlich jung, aber das ist auch unsere Chance«, hatte Clas ihr trotzig entgegnet. »Genau jetzt ist die richtige Zeit, um die Weichen für die Zukunft zu stellen. Du hast recht, im Moment wäre ich ohne dich ziemlich aufgeschmissen, und ich bin froh, dass du mir Halt gibst und dazu ein Dach über dem Kopf. Doch, ich bin kein Parasit, der auf deine Kosten leben will. Ich kann sehr wohl auch auf eigenen Beinen stehen. Gestern hatte ich ein Gespräch mit dem Herausgeber der *Lübecker Zeitung*. Er ist von meinen Karikaturen sehr angetan und will mich fördern. Er meinte, sie zeugten von einem gewissen erzählerischen Talent. Ich sollte es mal als Literaturjournalist versuchen, vielleicht ein paar unterhaltsame, aber nachdenkliche Kurzgeschichten schreiben. Das würde sein Blatt beleben, er würde das gut bezahlen.«

»Das klingt ja wunderbar! Deine kleine Straßenmusikerin könnte dir Träume erzählen, die Stoff für hundert Geschichten wären.«

»Zum Beispiel den von deiner Mutter und dem ungeschriebenen Brief?«

»Ja, warum nicht, wenn du keine konkreten Namen nennst.«

»Aus der Realität entstehen Geschichten, nicht aus unseren Träumen. Was hältst du davon, dass ich dich nach Berlin begleite und als dein Konzertmanager auftrete? Da werden wir viel gemeinsam erleben, und es wird bestimmt hunderte von Geschichten zu erzählen geben. Und, wer weiß, eines Tages werde ich die Geschichte unserer Liebe als Roman veröffentlichen, von uns, unseren Kindern und Kindeskindern.«

In Wittenberge hatte der Zug einen längeren Aufenthalt. Eine Reihe neuer Mitreisender stieg ein, aber dennoch blieb Noëlle in ihrem Abteil allein. Sie beobachtete, wie eine Mutter mit ihrem Kind ausstieg und auf dem Bahnsteig unschlüssig stehen blieb. Das kleine Mädchen weinte und stampfte zornig mit den Füßen auf.

»Ich will nicht zum Opa! Ich will wieder zurück nach Haus.«

»Schluss mit dem Gejammer! Es wird getan, was ich sage. Also vorwärts!«

»Aber Opa ist blöd!«

Der Mutter fiel in ihrer genervten Lage kein besseres Argument ein, als dem Kind eine gesalzene Ohrfeige zu verpassen. Dann schnappte sie sich ihren Koffer und zerrte das Mädchen mit der anderen Hand erbarmungslos hinter sich her. Schnell waren die beiden aus der Bahnhofshalle verschwunden.

Die kleine Szene hatte Noëlle betroffen gemacht. Wird so auch ihre Zukunft aussehen? Kinder, die man nicht mehr versteht, einen Opa, den man nur noch aus familiärer Höflichkeit besucht, einen Mann, an den man ein Leben lang gekettet ist und für den man seine eigene künstlerische Karriere opfert?

Wie gut, dass sie Clas vor ihrer Abfahrt mit aller Klarheit zurückgewiesen hatte. »Nein, Clas. Es ist besser, wenn du nicht mit nach Berlin kommst. Und sprich nicht von Kindern. Kümmere du dich um deine Laufbahn als Journalist und überlass der Musikerin die Musik. Das wird uns beide am Ende vielleicht näher bringen, als wenn man immer nur im Kielwasser des anderen fährt.«

*

Je näher Berlin rückte, desto voller wurde der Zug. In Nauen stieg ein Ehepaar mit einem etwa zehnjährigen Jungen ein. Jeder von ihnen hatte zwei große, mit Leinentuch verhüllte rechteckige Korbgestelle in den Händen. Sie setzten sich zu Noëlle, und ihr Gepäck füllte fast das gesamte Abteil.

»Erlauben Sie, dass wir uns zu Ihnen setzen?«

»Natürlich. Kein Problem«, erwiderte Noëlle gleichgültig, obwohl sie befürchtete, dass sie jetzt nicht mehr in Ruhe nachdenken konnte. Aber das hatte sie angesichts des schon ziemlich vollen Zugs vorhergesehen.

Unter den Leinentüchern flatterte und zwitscherte es ununterbrochen. Noëlle musterte die drei unauffällig. Offensichtlich die Familie eines Vogelhändlers auf dem Weg zu einem der Berliner Märkte. Die Eltern sahen reichlich abgespannt aus. Den verbrauchten Gesichtern und den rauen Händen war anzusehen, dass sie ein arbeitsreiches, hartes Leben führten. Die einfache Kleidung und die ausgetretenen Arbeitsschuhe deuteten darauf hin, dass die Familie in ärmlichen Verhältnissen lebte.

Der Junge, der deutlich älter wirkte, als er in Wirklichkeit war, machte allerdings einen aufgeweckten Eindruck. Er hatte sofort den Geigenkasten entdeckt, der in dem Gepäcknetz über Noëlles Kopf ruhte. Immer wieder wanderte sein Blick dorthin, und Noëlle spürte, dass er sich das Instrument sicherlich gern aus der Nähe angeschaut hätte, es aber nicht wagte, die vermeintlich vornehme Dame anzusprechen.

Der Vater schien Noëlles Gedanken lesen zu können. Freundlich erkundigte er sich: »Ich hoffe, unsere Tiere belästigen Sie nicht.«

»Nein, nein. Ist schon in Ordnung.«

»Es sind Kanarienvögel, *Harzer Roller* nennen wir sie. Sie sind im Moment zwar ziemlich lebendig, aber absolut ungefährlich und riechen auch nicht. Wenn sie sich nach der Bahnfahrt wieder beruhigt haben, können sie ganz wundervoll singen. Es ist eine eigene Züchtung, und wir sind sehr stolz auf ihren musikalischen Gesang.«

»Oh, das klingt interessant«, antwortete Noëlle, die plötzlich ganz froh war, von ihren trüben Gedankengängen abgelenkt zu werden. »Kann man mal so einen Vogel sehen?«

»Aber gern.« Er lüftete das Tuch bei einem der Korbgestelle. Es bestand aus einem Stapel von kleinen Holzkäfigen. Jedes Tier hatte einen eigenen, und auf dem Gestell war ein kleines Messingschild angebracht: *Silbermann – Korbwaren und Vogelbauer.*

111

Ein Dutzend gelber, weißer und roter Kanarienvögel wurde auf einmal ganz still, als es so plötzlich das Tageslicht erblickte. Neugierig wackelten sie mit den Köpfen und starrten Noëlle an. »Ihr seid aber schön!«, rief diese begeistert. »Könnt ihr auch ein Lied für uns singen?«

»Nein, das werden sie im Moment sicherlich nicht tun«, entschuldigte sich der Vogelhändler. »Das kommt erst wieder, wenn sich ihr Reisefieber wieder gelegt hat. Es ist fast so wie bei den Menschen.«

Noëlle streckte einen Finger nach ihnen. »Sind sie denn zutraulich und lassen sich streicheln?«

»Nein, das kommt sehr selten vor. Dazu müssten die Tiere erst längere Zeit mit Ihnen zusammengelebt haben. Wichtig ist auch, dass sie ein geräumigeres Zuhause bekommen. Das hier sind nur die Transportkäfige.«

Er deckte das Tuch wieder über das Korbgestell. »Wenn Sie erlauben, mir wäre es lieber, sie jetzt wieder sich selbst zu überlassen, damit sie nachher auf dem Markt einen ausgeruhten Eindruck machen.«

Nach einer Weile setzte die Frau des Vogelhändlers das Gespräch fort. »Entschuldigen Sie, dass ich Sie anspreche, aber ich sehe, Sie haben eine Geige im Gepäck. Sind Sie Musikerin?«

»Ja, auf dem Weg nach Berlin, um in Krolls Etablissement aufzutreten.«

»Oh, dann sind Sie bestimmt eine berühmte Künstlerin. Wie beneidenswert. Sie müssen wissen, dass unser Sohn auch gern Geige spielen würde, so wie sein Großvater. Aber daraus wird wohl nichts mehr in seinem Leben, jetzt, wo er schon über zehn ist.«

»Warum denn nicht? Geige kann man in jedem Alter lernen, je eher, desto besser.« Noëlle bemerkte, wie die Augen des Jungen für einen kurzen Moment aufleuchteten. Da kam ihr eine Idee.

»Willst du die Geige mal sehen?«

Der Junge nickte.

»Wie heißt du denn?«

»Jonas.«

Noëlle holte den Geigenkasten aus dem Koffernetz und öffnete ihn. Nun bekam Jonas noch größere Augen. »Eine blaue Geige!«, rief er verwundert. »Schöner als unser schönster Harzer Roller. So etwas habe ich noch nie gesehen.«

Noëlle lachte. »Da bist du nicht der Einzige, Jonas. Eine blaue Geige ist wirklich sehr selten. Normalerweise haben Geigen einen braunen Farbton. Und diese Geige ist nicht nur der Farbe wegen ungewöhnlich, sie hat auch einen unübertrefflichen Klang. Willst du sie mal ausprobieren?«

Jonas lehnte sich mit hochrotem Gesicht neugierig vor, doch seine Mutter bremste ihn: »Du mit deinen groben Fingern? Kann er denn da nichts kaputtmachen?«

»Nein, nein«, nahm Noëlle ihr den Wind aus den Segeln. »Er hat eine schmale Hand und lange Finger. Das ist eine gute Voraussetzung fürs Geigenspiel. Komm, Jonas, setzt dich ganz vorn auf die Kante, damit die Lehnen nicht stören.«

Sie gab ihm das Instrument so in die linke Hand, dass er es bequem unters Kinn klemmen konnte. Dann spannte sie den Bogen und drückte ihn in seine rechte Hand. Nachdem sie Schulter und Handgelenk etwas korrigiert hatte, nahm sie seine Hand und führte den Bogen mit ihm zusammen mit wenig Druck über die leere E-Saite.

Sofort entwickelte sich ein angenehmer, heller Klang. Jonas traten vor Aufregung unscheinbar kleine Schweißperlen auf die Stirn. Hochkonzentriert folgte er Noëlles Handführung. Das Flattern und Zwitschern unter den Leinentüchern verebbte schlagartig. Der Geigenton drang durch den ganzen Eisenbahnwaggon. Die Fahrgäste unterbrachen ihre Gespräche und drehten sich neugierig dem Jungen zu.

Noëlle führte Jonas Hand langsam auf und ab, sodass der Ton nicht abriss.

»Jetzt kannst du die Fingerkuppen der linken Hand langsam nacheinander auf die Saite legen. Pass auf, was dann passiert.«

Unbewusst korrigierte Jonas seine Fingerstellung bei jedem neuen Ton, sodass recht saubere Tonabstände erklangen, eine kleine Viertonmelodie.

»Du hast ein gutes Ohr«, lobte Noëlle. »Du hörst die Intervalle erstaunlich gut, ohne dass man dir helfen muss.« Jetzt ließ sie seine rechte Hand los, und Jonas führte die Bogenbewegung weiter so aus, als hätte er das schon jahrelang geübt.

Dann gab er Noëlle das Instrument wieder zurück. »Das hat Spaß gemacht.«

Auf dem Gesicht seiner Mutter war inzwischen die Last des Alltags verschwunden. Mit bescheidenem Stolz meinte sie: »Das hat er bestimmt von seinem Großvater geerbt. Danke, dass Sie Jonas etwas Freude gemacht haben. - Würden Sie denn uns auch etwas vorspielen, gnädige Frau?«

»Nein, nein«, winkte Noëlle ab. »Jonas hat das sehr gut gemacht. Ein richtiges kleines Konzert, dem ist nichts hinzuzufügen. Kaufen Sie ihrem Sohn eine Geige und verschaffen Sie ihm regelmäßigen Unterricht. Wer weiß, vielleicht kann er dann später auch mal in Krolls Etablissement auftreten.«

»Ach wissen Sie«, seufzte der Vater. »Wir haben dafür nicht genug Geld. Der Vogelhandel wirft nicht viel ab. Die Konkurrenz ist groß, und außerdem soll Jonas später mein Geschäft weiterführen. Das würde sich mit Musik nicht vertragen. Der Gesang unserer Harzer Roller ist uns Kunst genug.«

*

Émile Fouqué empfing Noëlle im *Hamburger Bahnhof* mit einem riesigen Blumenstrauß »Willkommen in Berlin, dem Mekka der hohen Künste, willkommen zu Haus!«

»Sie schmeicheln. Vor Ihnen steht nur die *Geigerin vom Holstentor*, so jedenfalls sagen die Lübecker zu der kleinen Straßenmusikerin.«

»Da sieht man´s, es wird Zeit, Sie aus der Provinz zu befreien. Am liebsten würde ich Sie bitten, sofort ein Beispiel Ihrer hohen Kunst von der Bühne unseres Hauses herab zu spielen. Doch es ist heute zu spät, um Ihnen Ihre neue Wirkungsstätte zu zeigen. Meine Kutsche steht vor dem Bahnhof. Sie werden müde sein nach der langen Fahrt. Ich denke, ich bringe Sie erst einmal zu Ihrer Unterkunft *In den Zelten*.«

Hatte sie richtig gehört, er wollte sie in einem Zelt kampieren lassen? Etwas irritiert hakte Noëlle nach. »Ehrlich gesagt wäre ein Hotel angenehmer als ein Zelt. Man ist schließlich keine Zigeunergeigerin.«

115

Fouqué lachte. »Nein, nein, keine Bedenken. Die Straße heißt so. Früher standen dort wirklich Zelte und Buden, nämlich die der Zeltenwirte. Das waren beliebte Gartenlokale in den Grünanlagen vorm Tor, wo sich die Städter nach Herzenslust amüsieren konnten. Im Winter mussten die Zelte wieder abgerissen werden, doch nach und nach entwickelten sich daraus feste Gasthäuser. Eins der ersten festen Hütten gehörte einem Hugenotten. Am Eingang der Hütte hatte er ein Schild mit einer goldenen Gans aufgehängt, auf dem stand: *Mon oie fait tout.* – Sie sprechen französisch?«

»Ja, ein bisschen. Mutter war Französin. Das heißt übersetzt: *Meine Gans macht alles.* Sollte das eine Anspielung auf seine Köchin sein?«

Wieder ließ Fouqué sein kurzatmiges Lachen ertönen. »Das werden wohl viele gedacht haben, aber es ist ein Wortspiel. Mit *Mon oie* ist *monnoie* gemeint, so wurde damals *Geld* auf Französisch geschrieben. *Geld macht alles*, lautete also die Parole.«

Nun musste auch Noëlle lachen. »Eine sehr philosophische Lebenseinstellung. Sie gefällt Ihnen bestimmt.«

»Natürlich. Als Geschäftsführer von Krolls Etablissement ist das die einzig vernünftige Grundeinstellung, sonst wäre man schon längst bankrott. Übrigens liegt der Ort unmittelbar hinter meinem Etablissement. Sie sehen, wir passen gut in die Tradition des Amüsements.«

»Amüsements? Vorhin haben Sie noch von *hoher Kunst* gesprochen. Ist das nicht ein Widerspruch?«

»Aber nein, meine Verehrte. Kunst ist immer Zeitvertreib, wenn man das französische Wort *amu-*

sement in diesem Sinne versteht. Die Frage ist nur, ob Kunst das Zeitgefühl verkürzt oder verlängert, und das ist eine sehr individuelle Angelegenheit. Dem einen ist eine Oper von Giacomo Meyerbeer kurzweilig, dem anderen langweilig. Das sagt nichts über die Qualität aus, wenn es denn überhaupt Qualitätskriterien für die Kunst gibt, was ich heftig bestreiten möchte. Aber ich will Sie jetzt nicht mit meinen philosophischen Eskapaden langweilen.

Noëlle antwortete nicht. Sie war nach der langen Fahrt zu müde, um sich in seine geistreiche Konversation einzuschalten.

»Kommen wir auf Sie und Ihren Aufenthalt zurück. Übrigens ist aus den *Zelten* heute eine bevorzugte Wohngegend geworden und bei angesehenen Privatiers, Beamten, Wissenschaftlern und Künstlern sehr gefragt. Hier verbrachte der eben genannte Giacomo Meyerbeer seine Jugend, damals nannte er sich noch Jakob Liebmann Meyer Beer. In seinem Elternhaus gab es schon ein warmes Brausebad und ein Palmenhaus, und im Musiksaal stand ein Flügel, auf dem bereits Mozart und Beethoven musiziert hatten. Die Dichterfürstin Bettina von Arnim wohnt bei Ihnen direkt nebenan. Sie veranstaltet regelmäßig Musikabende in ihrem Haus. Vielleicht können Sie dort auch mal auftreten. Ich könnte das vermitteln.«

Inzwischen war die Kutsche vor Noëlles neuer Unterkunft angekommen, doch Émile redete weiter wie ein Wasserfall.

»Da oben, im ersten Stock ist Ihre Suite. Sie haben einen eigenen Zugang, können also kommen und gehen wann Sie wollen und müssen sich nicht im Geringsten um den Vermieter scheren. Das habe ich alles bereits geklärt. Die Proben zu Ihrem Konzert fangen morgen Nachmittag an, dort drüben in dem Komplex, der durch die Bäume hindurch schimmert. Das ist Krolls Etablissement, gewissermaßen *mein* Zuhause.«

*

Zwei herausragende Werke standen auf dem Programm: das Violinkonzert in D-Dur von Nicolò Paganini und das Violinkonzert in a-Moll von Louis Spohr. Anspruchsvolle Musik, wie man sie selbst in Berlin nur selten hörte, ein Ereignis, das sich in der Stadt herumgesprochen hatte.

Jonas und seine Mutter stellten sich geduldig in der langen Schlange vor dem Kartenschalter an. Als sie endlich an der Reihe waren, gab es nur noch wenige Plätze zur Auswahl.

»Gibt es Ermäßigungen für Kinder?«, erkundigte sich Jonas Mutter.

»Nö. Wenn Sie eine Kindervorstellung wollen, müssen Sie in den Zirkus Renz gehen.«

»Mein Jonas will aber die Frau mit der blauen Geige sehen. Er interessiert sich für Musik.«

»Ist bestimmt auch nur Zirkus«, meinte der Verkäufer in geringschätzigem Ton. »Entscheiden Sie sich. Hinter Ihnen stehen noch mehr Leute.«

»Dann bitte eine Karte für meinen Sohn.«

»Das geht nicht. Kinder dürfen nur in Begleitung von Erwachsenen rein. Wir haben da schlechte Erfahrung gemacht.«

»Zwei Karten sind uns zu teuer. Wir sind einfache Leute. Mein Sohn will so gern die Geigerin hören. Wir haben sie nämlich im Zug kennengelernt, und er hat sogar auf ihrer Geige spielen dürfen. Fragen Sie sie, sie wird sich bestimmt erinnern.«

»Gute Frau, ich kann jetzt nicht die Solistin des Abends ansprechen, und wie gesagt, Kinder ohne Begleitung lass ich nicht rein. Also, der Nächste bitte!«

Der nächste Kunde war ein junger Mann von nicht ganz dreißig Jahren, der das Gespräch mitangehört hatte.

»Guter Mann, ich bin der Geiger Joseph Joachim. Sie werden mich kennen. Wenn ein Junge freiwillig lieber in ein Geigenkonzert als in einen Zirkus geht, dann sollte man das mit allen Mitteln fördern. Das ist eine einmalige Chance, denn die Liebe zur Musik kann nicht früh genug im Menschen geweckt werden. Spricht was dagegen, wenn der Junge in meiner Begleitung mitkommt?«

»Nein, Herr Joachim. Aber Sie sind dann für ihn verantwortlich.«

»Das lassen Sie mal meine Sorge sein. Jonas sieht nicht so aus, als würde er etwas kaputtmachen. Zwei Karten, also, die besten, die Sie noch nebeneinander haben.«

Das Konzert war fast ausverkauft. Der junge Mann und Jonas mussten mit einem Platz in einer der mittleren Reihe, jedoch ganz an der Seite vorliebnehmen. Jonas reckte sich, um auf der Bühne alles mitzubekommen.

Die blaue Geige erkannte er sofort wieder, nicht jedoch Noëlle. Sie sah beträchtlich jünger aus als vor ein paar Tagen in der Eisenbahn, schlicht und elegant. Die dunkelbraunen Haare waren zu einem Nackenknoten mit seitlichen Korkenzieherlocken frisiert. Sie trug ein Reifrockkleid aus elfenbeinfarbenem Seidenmoiré mit einer langen Schleppe, die durch eine goldene Applikation in Form einer unendlichen Girlande abgeschlossen war.

Während des Spiels bewegte sich Noëlle nur wenig, nicht nur, weil das Kleid sie einengte. Sie wollte bewusst auf jede Schauspielerei verzichten, um sich voll und ganz auf den Klang zu konzentrieren. Es schien, als spielte die Geige von allein.

Das Publikum folgte aufmerksam der Musik. Die Orchestermusiker spürten sofort, dass sie ein Ausnahmetalent begleiteten. Am Schluss gab es einen riesigen Applaus, viele trampelten vor Begeisterung mit den Füßen.

Doch Noëlle verschwand sofort nach dem letzten Ton hinter die Bühne, als wäre alles nur ein unwirkliches Spiel gewesen. Das rhythmische Klatschen vermochte nicht, sie zu einer Zugabe erneut auf die Bühne zu rufen. Sie war so schnell aus dem Haus verschwunden, dass selbst Émile Fouqué ratlos nach ihr suchte. Jedenfalls steigerte es den Eindruck ihrer Einmaligkeit.

Als Joseph Joachim und sein jugendlicher Begleiter gehen wollten, kam ein Journalist auf sie zu. »Berliner National-Zeitung. Herr Joachim, gestatten Sie uns eine Berichterstattung über Ihren Eindruck vom heutigen Konzert?«

Der Geiger war in Gedanken noch so in dem Musikerlebnis, dass er eine Zeit brauchte, um zu verstehen, was der Journalist von ihm wollte. Dann besann er sich und sagte: »Gut. Aber nur, wenn Sie auch meinen Begleiter mit einbeziehen. Vielleicht versteht der von Musik mehr als ich.«

*

Am übernächsten Tag erschien in der Tageszeitung ein ausführlicher Bericht über das Konzert.

Berliner National-Zeitung (BNZ): Herr Joachim, Sie sind uns als herausragender Geiger bekannt, Sie haben vor ein paar Jahren für eine musikalische Sensation gesorgt, als Sie Beethovens Violinkonzert gewissermaßen wiederentdeckten. Was sagen Sie zu dem heutigen Abend, war das wieder so eine Sensation?

Joseph Joachim: Ach wissen Sie, ihr Journalisten seid immer schnell mit Superlativen zur Hand. Das gehört wohl zum Beruf, denn sonst würde sich die Zeitung nicht so gut verkaufen. Ich will von Superlativen nichts wissen.

BNZ: Immerhin wird Paganini als *Teufelsgeiger* bezeichnet. Ist denn Noëlle mit ihrer blauen Geige eine neue Teufelsgeigerin?

Joseph Joachim: Das ist wieder so ein Superlativ. Nein, weder ein Paganini, noch seine Musik und schon gar nicht die Interpreten seiner Musik haben etwas mit Teufelswerk zu tun. Es ist alles nur eine Frage der Technik. Paganini hat diese Technik auf das derzeit höchste Niveau getrieben. Das hat nichts Übernatürliches an sich. Wer weiß, vielleicht wird man in hundert Jahren noch ganz andere Wunderwerke vollbringen.

BNZ: Was meinen Sie mit *höchstem Niveau,* können Sie das mit konkreten Beispielen verdeutlichen?

Joseph Joachim: Natürlich. Paganinis Konzert, ich habe es übrigens zum ersten Mal gehört, weil es erst kürzlich veröffentlicht wurde, steckt voller brillanter Effekte und technischer Schwierigkeiten wie Terzen, Sexten und Dezimen in Doppelgriffen, wie Ricochets und Flageoletts. Und dazu alles noch in einem wahnsinnigen Tempo. Hut ab vor Noëlle, die das gemeistert hat, ohne dass es wie eine Anstrengung klang.

BNZ: Nicht alle unsere Leser sind musikalisch so vorgebildet, dass sie mit Ihren Fachbegriffen etwas anfangen können. Würden Sie den Laien bitte mit einfachen Worten erklären, was Sie meinen?

Joseph Joachim: Tut mir leid, das kann ich nicht, und außerdem würde es Ihre Leser langweilen. Wer das wissen will, kann es in jedem besseren Lexikon nachschlagen. Und wenn ich eine Geige in der Hand hätte, könnte ich Ihnen das demonstrieren, doch das werden Sie ja wohl kaum drucken können.

BNZ: Natürlich. Kommen wir auf die Geige zu sprechen. Ist es nicht ein billiger Zirkuseffekt, eine Geige in blauer Farbe zu spielen?

Joseph Joachim: Zunächst einmal kann ich Ihnen versichern, dass die Farbe einer Geige für den Klang keine hörbare Rolle spielt. Ich habe schon schwarze, weiße und auch blutrote Geigen gesehen. Das ist wohl eher eine Frage des Geschmacks. Allerdings muss ich zugeben, dass mich dieses Instrument sehr beeindruckt hat. Gut, Noëlle hatte ganz offenbar für den Paganini die Saiten um einen Halbton höher gestimmt, denn ihre Griffe stammten aus der Welt der D-Durtonart und das Orchester spielte in Es-Dur. Wahrscheinlich ist das ein Effekt, den sich der Komponist selbst ausgedacht hat. Dadurch klingt die Geige viel strahlender. Aber das allein genügt nicht, um den besonderen Charakter des Instruments zu erklären. Es muss an der Holzverarbeitung liegen, dass es sich anhört, als würde die Geige ganz von allein spielen. Ich wüsste zu gern, wer der Geigenbauer dieser blauen Geige ist.

BNZ: Um das zu klären hätten wir uns an die Solistin direkt wenden müssen. Doch leider ist sie so schnell verschwunden, dass ich keine Möglichkeit hatte, sie anzusprechen. Noch eine Frage an Sie, Herr Joachim, bevor ich mich an Ihren jugendlichen Begleiter wende. Welche der beiden heute gehörten Werke bevorzugen Sie persönlich als Geigenvirtuose: den Paganini oder den Spohr?

Joseph Joachim: Das ist wieder so eine Frage, die ich nicht beantworten kann. Beide Konzerte sind hochgradig virtuos, auch das von Spohr, obwohl der Laie das nicht sofort hört. Die schnellen Läufe, die große Tonsprünge, die weiträumigen Arpeggien, die ständigen Triller und Tempowechsel. Spohr verzichtet auf die für Paganini typische Springbogentechnik, dennoch verlangt er dem Interpreten das Äußerste an Fingerfertigkeit ab. Viele Kollegen sagen, dass Spohrs Werke musikalischer, Paganinis Werke dagegen technisch virtuoser sein. Für mich ist das eher ein Streit über Äpfel und Birnen. Ich mag beide, also kann ich Ihre Frage nicht mit einem eindeutigen Ja oder Nein beantworten.

BNZ: Dann reiche ich die Frage weiter an Ihren jugendlichen Begleiter.

Jonas: Auch ich kann nicht sagen, welche Musik mir besser gefiel. Warum muss man denn das eine Stück gegen das andere abwägen wie einen Kanarienvogel gegen einen Wellensittich? Besonders beeindruckt hat mich der Schluss in dem Paganini-Konzert, die Stelle, wo die Geige allein spielt.

BNZ: Du meinst die Kadenz?

Jonas: Mag sein, dass man das so nennt. Jedenfalls klang das so, als ob ein Dutzend Geigen spielen würden. Verblüffend, was man alles aus einer einzigen Geige herausholen kann. Sehr zu Herzen ging mir eine langsame Stelle, gleich nachdem das Orchester das erste Mal eine kleine Pause gemacht hatte.

BNZ: Sicherlich das Adagio, der zweite Satz in dem Paganinikonzert.

Jonas: Die Musik klang wie das Lied eines gefangenen Vogels, eines Vogels, dem man die Flügel gestutzt hatte und der nicht mehr abheben kann und der nun betet, man würde ihm seine Freiheit wiedergeben.

BNZ: Der Vergleich passt gut. Ich habe während der Proben mit dem Dirigenten gesprochen. Er sagte, Paganini hätte das Adagio wie eine Opernszene, als Gebet eines Gefangenen im Kerker aufgefasst.

Joseph Joachim: Überhaupt sind beide Werke sehr bühnenwirksam. Vieles erinnert an die Rezitative und Arien der Belcanto-Oper. Das Spohrkonzert habe ich schon öfter gespielt, und ich erinnere daran, dass der Komponist ihm einen Untertitel gab: *In Form einer Gesangsszene.*

BNZ: Zum Schluss eine Frage an Sie als Königlicher Konzertmeister in Hannover. Sie sind noch jung, wie sehen Ihre Zukunftspläne aus?

Joseph Joachim: Nun, zunächst darf ich verraten, dass der heutige Abend gezeigt hat, wie notwendig es ist, sich ernsthaft mit den Werken Paganinis zu beschäftigen. Das wird wohl darauf hinauslaufen, dass ich mich voll meiner Solokarriere widme. Wer weiß, vielleicht stehe ich eines Tages auch mal auf einer der großen Bühnen Berlins. Und wenn ich Erfolg habe, werde ich mir eine Villa gleich hier im Park um die Ecke, in den *Zelten* bauen lassen. Ich finde, das ist die schönste Gegend Berlins.

*

Kurz danach schrieb Joseph Joachim einen Brief an einen guten Freund, dem er mehr anvertrauen konnte, als er in einer Zeitungsbefragung äußern durfte.

Du wirst das Gespräch in der Zeitung gelesen haben. Ich muss dir ehrlich gestehen, dass ich nicht voll und ganz meine Meinung sagte, denn es gibt Dinge, die man besser nicht in die Welt hinausposaunt.

Ich wurde gefragt, ob Noëlle eine Teufelsgeigerin ist, und ich war der Frage ausgewichen. Aber jetzt, wo ich etwas Abstand gewonnen habe, muss ich zugeben, dass ich das Gefühl habe, sie steht mit dem Teufel im Bunde. Ich will nicht schlecht über das Konzert sprechen, es war sicherlich ein musikalischer Höhepunkt der Saison, und mich treibt auch nicht der

Konkurrenzneid. Noëlle hat ein einmaliges Talent und hält eines der bemerkenswertesten Instrumente in der Hand, die ich je gehört habe. Dennoch glaube ich, dass mit ihr irgendetwas nicht stimmt. Ja, ihr Auftritt hat mich auf unbestimmbare Weise erschreckt.

Vielleicht lag es daran, dass sie sehr egozentrisch spielte. Du weißt, ein Solist, so eigenwillig und berühmt er auch sein mag, ist immer auf eine gute Zusammenarbeit mit dem Dirigenten und dem Orchester angewiesen. Bei Noëlle war es so, als würde alles von ihr ausgehen, als würde sie sich um das Taktschlagen des Dirigenten einen Teufel scheren. Der normale Konzertbesucher bemerkt so was nicht, aber du als Musiker wirst wissen, was ich meine.

Und dann war da dieser merkwürdige Widerspruch zwischen Noëlles Auftreten und ihrer Musik. Als ob zwei verschiedene Personen auf der Bühne standen. Normalerweise lächelt ein Musiker sanft, wenn er eine liebenswerte Passage spielt, oder in seinem Gesicht spiegelt sich der Schmerz wider, wenn er eine dramatische Kantilene intoniert.

Von all dem bei Noëlle nichts. Wie eine seelenlose Marionette stand sie regungslos auf der Bühne, als hätte der Marionettenspieler vergessen, die Fäden zu ziehen. Alles war nur auf den Klang der Geige fokussiert. Der Spieler, der Mensch trat in den Hintergrund.

Man mag das als Bescheidenheit deuten. Oder spricht das für eine eiskalt berechnende Überheblichkeit? Nein, ich glaube, Noëlle war im Grunde genommen nicht Herrin ihrer selbst, oder zumindest war sie zweigeteilt. Einerseits die physikalische Hülle, die es gelernt hat, zur richtigen Zeit den richtigen

126

Finger auf die richtige Saite zu setzen, andererseits die psychische Macht, der es mühelos gelingt, den Zuhörer mithilfe einer berührenden Musik in ihren Bann zu ziehen.

Und dann ihr Abgang. Jeder Solist freut sich über den Applaus und ist stolz darauf, um eine Zugabe gebeten zu werden. Das ist verständlich, denn schließlich hat er sich jahrelang mit einem Werk auseinandergesetzt, hat ein persönliches Verhältnis zur Musik entwickelt. Mir jedenfalls geht das so. Noëlle aber verschwand so sang- und klanglos von der Bühne, als sei die Musik nicht länger der Rede wert. Auch hier stellt sich die Frage: Überheblichkeit, falsche Bescheidenheit oder Mangel an charakterlicher Ausgeglichenheit?

Für letzteres sprechen auch einige technische Details, die mir sofort auffielen. Noëlles Bogenführung kam mir hin und wieder zu hart, zu unausgeglichen vor, teilweise etwas überspannt. Arpeggien und Läufe mit Doppelgriffen nimmt man normalerweise mit einem anderen Druck, als wenn man eine Kantilene zelebriert. Die Phrasierungen widersprachen stellenweise dem musikalischen Duktus, und die Verzierungen klangen gelegentlich recht aufgesetzt. Technisches Können und musikalische Ausdruckskraft standen nicht immer im Einklang.

Manchmal frage ich mich: Kann man aus der Art des Musizieren eines Menschen Rückschlüsse auf seinen Charakter ziehen? Wenn ja, dann müsste ich mir große Sorgen um Noëlle machen. Wird sie musikalisch und menschlich dem ungeheuerlichen Druck ihrer technischen Virtuosität standhalten könne? Ich

*bin gespannt, wie sich die Karriere dieser Frau wei-
terentwickelt.*

*

Noëlles Konzert musste zweimal wiederholt werden, stets war es ausverkauft. Neue Konzerte wurden
angesetzt. Die Frau mit der blauen Geige entwickelte
sich zum Berliner Tagesgespräch. Émile Fouqué rieb
sich die Hände, als er eine Zwischenbilanz zog. Das
Risiko, eine bislang unbekannte Geigerin aus der
Provinz zu engagieren, hatte sich gelohnt. Seit einiger
Zeit steckte Krolls Etablissement finanziell in der
Krise, doch durch Noëlles Konzerte ging es nun wieder bergauf.

Nur merkwürdigerweise schien die Künstlerin an
ihrem Erfolg wenig Interesse zu zeigen. Stets war sie
sofort nach dem letzten Ton verschwunden. Émile
versuchte, sie in ihrer Unterkunft *In den Zelten* abzufangen, doch auch hier konnte er sie nie antreffen.
Langsam kam sie ihm vor wie ein Phantom, das nur
auf der Bühne existierte.

Doch dieses Mal lauerte er ihr direkt hinter dem
Bühnenabgang auf. Aus dem Saal drang der Lärm des
überschwänglichen Applauses, als Noëlle die Tür
öffnete. Sie machte einen merkwürdig abwesenden
Eindruck. Ihr Blick ging ins Leere. Die Geige hielt sie
wie ein Schutzschild vor die Brust. Émile musste sich
deutlich vor ihr aufbauen, damit sie bemerkte, wer
vor ihr stand.

»Wunderbar hast du gespielt. Ich bin begeistert,
und dein Publikum liegt dir zu Füßen. Hörst du den

Beifall? Du solltest eine Zugabe spielen, das erwartete man in unserem Haus.«

Nur langsam kam Noëlle wieder zu sich. Émiles Anwesenheit schien ihr ungelegen zu kommen. Zögerlich wich sie seiner Forderung aus. »Wenn man ausgelaugt ist wie eine alte Waschfrau, sehnt man sich nicht nach einer Zugabe.«

»Du und altern? Im Gegenteil. So frisch hast du den Paganini noch nie musiziert.«

»Mag sein, dass Musik jung hält. Auf der Bühne vielleicht, aber nicht danach im wirklichen Leben.«

»Nicht die Musik hält dich jung, sondern der Erfolg«, widersprach Émile. »Ich kenne dich nun schon seit längerer Zeit, und ich muss feststellen, dass du dich mit jedem Konzert verjüngst, weniger wegen deiner Musik, sondern weil du immer mehr Erfolg hast. Erfolg ist der Schlüssel zur ewigen Jugend, das jedenfalls ist meine Philosophie.«

»Bitte keine falschen Schmeicheleien«, wehrte Noëlle ab. »Eine einfache Musikerin ist nicht so wichtig, als dass du sie in deine Philosophie einspannen solltest.«

»Was ich gesagt habe, ist keine Schmeichelei, sondern die Anerkennung einer schlichten Tatsache. Es geht auch nicht nur um deine Person, es ist vielmehr eine Frage unseres Kulturbetriebs. Du hast Erfolg, weil du bei deinen Auftritten den Menschen das Gefühl vermittelst, sie könnten für ein paar Stunden der Mühle des Alltags entrinnen. Ein Künstler wie du ist wie ein Jungbrunnen. Die Zuschauer brauchen ein Idol, mit dem sie sich identifizieren können. In ihm finden sie ihre eigene Jugend wieder.«

»Das angebliche Idol fühlt sich im Moment aber nicht besonders jung.«

Sie legte sich einen breiten Kaschmirschal über, der fast das gesamte Seidenmoirékleid verdeckte. Dann umfasste Émile ihre Schulter und zog sie die Treppe zum Künstlereingang hinunter. »Du brauchst ganz einfach frische Luft. Lass uns einen kleinen Spaziergang in die Stadt machen. Ich habe für dich übrigens zwei wichtige Nachrichten. Erstens: Prinz Carl von Preußen will dir zu Ehren ein Festkonzert in seinem Palais veranstalten. Das ist eine Auszeichnung, ich denke, sie wird deiner weiteren Karriere förderlich sein. Und zweitens: Ich habe ein lukratives Angebot vom Zirkus Renz in Wien. Du könntest dort für eine gesamte Saison auftreten.«

Unten wartete seine Kutsche. Émile nahm Noëlle den Geigenkasten ab, ohne auf ihre ablehnende Geste zu achten, reichte ihn dem Kutscher und befahl ihm, in Abstand langsam zu folgen. »Keine Sorge, Noëlle, das Instrument ist bei Heinrich in besten Händen. Ich weiß, dass ich mich auf ihn verlassen kann.«

Émile bog in die Zelten-Allee ab, die quer durch den nördlichen Teil des Tiergartens direkt zum Brandenburger Tor führte. Aus Krolls Etablissement, das linker Hand lag, kamen bereits die ersten Konzertbesucher heraus, wohl diejenigen, die wussten, dass an diesem Abend keine Zugabe zu erwarten war. Eilig gingen auch sie in Richtung Innenstadt, um sich möglichst rasch die besten Plätze in einem der Biergärten zu sichern.

Laut schwatzend über den schönen Abend überholten sie Noëlle und Émile, ohne die Solistin des Abends wiederzuerkennen. »Da siehst du es«, reagierte Émile in selbstgefälligem Ton. »Das einfache Volk. In der Scheinwelt der Bühne bist du ihr Idol, in der wirklichen Welt kommst du für sie nicht vor.

»In Lübeck war das anders. Da konnte man nicht durch die Straßen gehen, ohne ständig angesprochen zu werden.«

»Und, hast du das genossen?«

»Nein, im Gegenteil. Es war unangenehm. Es ist schwer, sich fremden Menschen zu öffnen. Das ging so weit, sich zu verkleiden, um in Ruhe einen eigenen Weg gehen zu können.«

»In Lübeck warst du nicht wirklich ein Idol, sondern eher ein Lokalmatador. Das ist ein Unterschied. Als lokale Persönlichkeit stehst du zwischen den Fronten. Einerseits wirst du fast wie ein Idol bewundert, andererseits kannst du nicht verhindern, dass die Menschen dein Privatleben ausspionieren und dabei vielleicht feststellen, dass du im realen Leben alles andere als ein Vorbild bist. Ich finde es richtig, dass du dich verkleidet hast. Nur das allein genügt nicht. Wenn man wirklich erfolgreich sein will, muss man auf der Bühne eine völlig andere Rolle einnehmen als im Leben. Erfolgreich sein, heißt geheimnisvoll zu sein. Du musst dein Privatleben total verbergen. Als Idol bist du eine Kunstfigur, eine geschichtslose Maske. Dir darf auch nicht der geringste Schimmer von Alltag anhaften, denn den Alltag verbinden deine Verehrer immer mit Altern. Und ein alterndes Idol ist eine Groteske, bestenfalls eine Witzfigur.«

Inzwischen hatten die beiden das Brandenburger Tor erreicht. Hier, rund um den Pariser Platz herrschte reges Treiben.

Blaue Stunde.

Die Gaslaternen brannten bereits, obwohl die gerade untergegangene Sommersonne den Himmel noch ausreichend beleuchtete. Wer in Berlin etwas auf sich hielt, flanierte *Unter den Linden*. In den Konzerthäusern und Theatern war der letzte Vorhang gefallen, das kulturelle Soll erfüllt. Nun begann auf den Straßen und in den Kaffeehäusern und Biergärten das eigentliche Leben.

Die Berlinerin, die etwas auf sich hielt, trug Samtjacke mit engem Mieder, dazu einen weiten Rock über Krinoline. Wer aus dem Konzert kam, war in einem schulterfreien Ballkleid aus Seidentaft mit eingewebten Blumenmustern gekleidet, dazu ein passendes Tuch, das gleichzeitig dazu diente, die kostbare Frisur in Form zu halten. Ihr Partner zeigte sich im zweireihigen Schwalbenschwanz, mit hochgebundenem Kragen und enger Hose, Zylinder und Spazierstock in der Hand. Den amerikanischen Herrn erkannte man an der Filzmelone, im Unterschied zum englischen Herrn, der den Bowler aus steifem Filz bevorzugte. Die russische Dame fiel durch ihr in volkstümlichem Blau gehaltenen Volantrock mit Stickbordüren auf, während die französische Dame durch ihren mit einem Band nach hinten gerafften Seidenrock die Blicke auf sich zog.

»Die perfekte Modenschau«, musste Noëlle zugeben. »Da können die Lübecker noch einiges dazulernen.«

»Keine falsche Bescheidenheit, meine Liebe«, entgegnete Émile. »Mit deinem Konzertkleid und dem eleganten Schal brauchst du dich hier nicht zu verstecken. Und was noch wichtiger ist, dein Gesicht strahlt eine Jugendlichkeit aus, um die dich die Damen sicherlich beneiden.«

»Bitte nicht schon wieder diese Schmeicheleien. Allerdings tut die frische Abendluft gut, jedenfalls für einen Menschen, der erst in der Nacht so richtig aufblüht.«

Plötzlich blieb Émile vor einer Säule stehen, die über und über mit Plakaten bedeckt war. »Hier, schau mal, das ist Berlins neuste Errungenschaft. Eine Litfaßsäule. Deren Aufstellung hat der Polizeipräsident genehmigt, um der Wildplakatierung entgegenzuwirken. Gegen einen kleinen Obolus kann man Werbung für seine Produkte oder für Veranstaltungen machen. Aber auch die neusten Nachrichten und öffentlichen Verordnungen hängen hier. Für mich als Konzertmanager ist das ein wichtiges Werbemittel. Übrigens, deine Konzerte stehen hier auch. Du bist auf dem besten Wege berühmt zu werden. Übernächsten Sonntag ist dein Abschiedskonzert. Eigentlich schade für Berlin, für mich und, wer weiß, vielleicht auch für dich.«

»Ja, es fällt schwer, Berlin wieder zu verlassen. Die Zeit hier hat viel gebracht. Nicht nur wegen der schönen Konzerte. Auch wegen deiner Philosophiereien.«

»Bist du denn nicht froh, endlich wieder nach Haus zurückzukehren, zu deinen Freunden, zu deiner Beziehung, dem jungen Mann, der sich während des Konzerts vor dem Holstentor so sehr um dich gekümmert hat? Wie war noch mal sein Name?«

»Clas. Ja, er ist ein netter Kerl, und wahrscheinlich liebt man sich. Aber andererseits ist da die Angst vor einer festen Bindung. Als Sohn einer angesehenen

Patrizierfamilie schien er eine gute Partie zu sein, eine Basis, sich ungestört der Musik hingeben zu können. Doch sein politischer Starrsinn und der plötzliche Erfolg der Musik haben uns auseinandergebracht. In letzter Zeit ist er zur Last geworden. Jetzt ist es die von seinem Vater verachtete Straßenmusikerin, die ihn ernähren muss. Er will sie heiraten, aber er kennt sie nicht wirklich. Sie will nicht Heimchen am Herd sein, sie will auf ihrem Weg als Künstlerin vorankommen. Sie hat Angst vor dieser Art von Bindungen, die Lebensziele zerstören, die schlagartig altern lassen.«

Inzwischen hatten sich die beiden ins Nikolaiviertels verirrt. In diesem Labyrinth von verwinkelten Gassen, Gängen und Höfen kannte sich Émile nicht besonders gut aus. Für einen Geschäftsführer von Krolls Etablissement und Liebhaber der schönen Künste war das hier nicht seine Welt. Für die Kutschen der vornehmen Familien war kein Platz, und zu Fuß trauten sich allenfalls die Bohemiens und Studenten hinein. Elegante Robe und raffinierte Coiffüre-Kunst wechselte hier mit groben Wollstoffen und praktische Kurzhaarfrisuren, die Zylinder gegen Biedermeiermützen.

Noëlle und Émile fühlten sich in ihrer Konzertkleidung wie Fremdkörper. Doch das machte die Situation für sie nur noch spannender. Neugierig bog Émile in eine unscheinbare Seitenstraße ein, die sich als Sackgasse entpuppte. *Kirschblütengang* stand auf einem Blechschild, das an der Wand eines Eckhauses angebracht war. Aus dem Inneren drang ein fast überirdischer Lichtschein, der von den vielen Gaslaternen herrührte, die sich hier in der Sackgasse merkwürdigerweise häuften.

Bei diesem Anblick riss sich Noëlle unvermittelt von ihrem Begleiter los und kehrte eiligen Schritts um.

»Was ist los mit dir?«, rief Émile, der Mühe hatte, sie wieder einzuholen. »Das sieht doch vielversprechend aus. Warum fliehst du vor einem harmlosen Abenteuer?«

Sie blickte ihn an, als sei sie mit ihren Gedanken in einer anderen Welt. »Dieser Ort ist voller seltsamer Geschichten, voller Erlebnisse, die beunruhigen. Es ist nicht gut, dorthin zu gehen.«

»Woher willst du das wissen? Kennst du ihn denn?«

»Ja. Und es gibt Orte, die man besser nicht ein zweites Mal betritt.«

»Wenn er dich bedrückt, so ist es besser, die Last zu teilen. Erzähl mir deine Geschichte! Wer weiß, ob sie wirklich geschehen ist, oder ob es nur ein Traum war.«

*

Wenn ich allein durch die Straßen einer Stadt gehe, liebe ich es, die Passanten indirekt zu beobachten, indem ich in die Fensterscheiben schaue, in denen sich ihr Bild spiegelt. Das Problem dabei sind allerdings die Lichtverhältnisse. Tagsüber sind die Gesichter nur schwach zu erkennen, weil das Sonnenlicht stört. Nachts jedoch, im Schein der Gaslaternen, heben sie sich deutlich von ihrer Umgebung ab.

Es herrscht Dämmerung, als ich sie das erste Mal sehe. Ihr Profil ist in den Fensterscheiben deutlich zu erkennen, doch noch ist es zu hell, um Details auszumachen. Ich folge ihr heimlich, bis wir die Gassen dieses Viertels erreichen. Hier stehen die Häuser so eng, dass es scheint, die Nacht sei vorzeitig angebrochen.

Ihre Gestalt hebt sich scharf von der dunklen Häuserfront ab. Mir scheint, als käme sie aus einer anderen Welt. Sie hat etwas Orientalisches an sich. Ihr Haar verbirgt sie unter einem gelben Kopftuch, das wie ein Turban aussieht. Sie ist mit einer schlichten ockerfarbenen Jacke bekleidet, die mit einem weißen Kragen abschließt und so ihren Kopf betont.

Das ist alles. Kein Zierrat, kein aufgesticktes Muster. Nur eine mandelgroße Perle hängt an ihrem linken Ohr und konkurriert mit ihren silbern glänzenden Augen.

Ich schätze sie auf nicht einmal zwanzig Jahre, scheu aber dennoch sinnlich.

Wie eine Hinterglasmalerei.

Sie schaut mir über ihr Spiegelbild direkt in die Augen. Ihr Mund ist zu einem leichten Lächeln geöffnet.

Ich halte ihrem Blick stand, auch auf die Gefahr hin, dass ich aufdringlich wirken könnte.

Dann bemerke ich das Straßenschild: Kirschblütengang.

Ich stutze. Dieser Name kommt mir seltsam vor. Auf meinem Stadtplan steht er jedenfalls nicht. Ich schaue zu den anderen Passanten, aber die scheint das nicht zu irritieren. Sie sind nach wie vor von ihrem Alltag eingefangen.

Die junge Frau nickt mir zu. »Hier lebe ich. Komm mit, wenn du magst.«

Der schmale Durchgang führt in die Passage eines weitläufigen Einkaufszentrums. Eine Sackgasse, denn, wie es scheint, einen anderen Zugang zur Straße gibt es nicht.

Die Passage und die angrenzenden Geschäfte sind lichtdurchflutet. Das liegt nicht nur an den vielen Gaslaternen, die man geschickt an den Decken und Wänden verteilt hat, sondern auch an dem riesigen Glasdach, das wie die goldrote Lichtquelle eines Vulkans aussieht. Ob dieser Effekt durch die Strahlen der Abendsonne oder durch die Gaslaternen erzeugt wird, kann ich nicht unterscheiden.

Überall stehen zierliche Kirschbäume, die alle eine überquellende Blütenpracht tragen, in ihrer weiß-zartrosa Farbe so dicht und regelmäßig, dass ich mich nicht des Eindrucks erwehren kann, das Ganze sei künstlicher Natur. Doch der intensive Duft, der in den Räumen schwebt, scheint echt zu sein.

Er beruhigt mich, und ich beginne unwillkürlich, langsamer von Geschäft zu Geschäft zu schlendern. Wir gleichen uns dem ruhigen Treiben der Passanten an. Viele lächeln uns zu, und manch einer grüßt freundlich.

Alle tragen ein Perlenohrgehänge.

Sie hakt sich an meinem Arm unter und begleitet mich. Sie fühlt sich sehr leicht an, und ich weiß nicht, wer hier wen führt. Wahrscheinlich ist sie es, die mir mit magischer Kraft den Weg weist.

Das Angebot in den Läden ist reichlich und ansprechend. Hier gibt es fast alles, Kleider, Bücher, Schmuck, Möbel, Kunstbilder, Spielzeug, Parfüme und Kosmetika, Musikalien, Accessoires, Uhren, Schuhe, Handtaschen. *Tageszeitungen und Lebensmittel suche ich vergebens. Auch fehlen Cafés, Bars oder Restaurants.*

Am Ende der Passage befindet sich ein Geschäft, das die ganze Stirnseite des Einkaufszentrums einnimmt. Eigentlich ist es nicht nur ein Laden, sondern auch eine Werkstatt.

Glasbläserei Silbermann *steht auf einem Schild über der Ladentür.*

»Wir sind am Ziel«, sagt sie. »Hier arbeite ich und verbringe den größten Teil meiner Zeit. Wenn du willst, kann ich dir alles erklären. Vielleicht gefällt es dir hier ja auch.«

Gleich neben der Eingangstür befindet sich die eigentliche Produktionswerkstatt. Man kann dem Glasbläser von draußen durch das Schaufenster bei seiner Tätigkeit zuschauen. Er sitzt vor einer Art Labortisch, auf dem ein Gasbrenner steht. Geschickt hantiert er mit einem schmalen langen Glasrohr, in das er hin und wieder bläst. Irgendwann verwandelt sich der Rohling in ein kunstvoll verziertes Weinglas.

Es bereitet mir Freude, ihm zuzusehen. Ich beneide ihn. Das Produkt seiner handwerklichen Tätigkeit ist ein materialisiertes Kunstwerk, dessen Ästhetik sich dem Betrachter sofort erschließt. In meinem Beruf als Musikerin ist das leider nicht so.

»Das ist schön. Kannst du das auch?«, frage ich sie.

Sie lächelt mich an. »Natürlich, denn das habe ich gelernt.«

Sie führt mich an ein Regal, in dem neben Glaskugeln und Weingläser viele gläserne Tierfiguren

138

stehen. *Sie bilden eine sonderbare Lebenswelt für sich. Formen, Farben und Figuren so zart und abwechslungsreich, als hätte sich eine königliche Glasmenagerie in den* Kirschblütengang *verirrt.*

Ein Mikrokosmos in einer Parallelwelt, ein Bild im Bild.

Stolz erklärt sie mir jede einzelne Figur.

»*Du darfst sie auch anfassen. Sie zerbrechen nicht, solange du nicht laut sprichst. Das liegt daran, dass die Luft hier im* Kirschblütengang *so rein ist.*«

Ich schaue sie skeptisch an, aber, um es zu beweisen, lässt sie eine Figur, ein hauchzartes Einhorn auf den Boden fallen.

Es zerbricht nicht.

»*Du musst wissen, dass in deiner Welt Kunstwerke so schnell zerbrechen, weil die Menschen dort so laut reden. Das gilt nicht nur für die materiellen, sondern auch für die immateriellen wie die Musik oder die Literatur. Am schlimmsten sind die Kunstkritiker, die mit voreiligen Worten sogar morden können.*«

Ich gebe ihr recht. »*Ja, jeder Musiker kennt das aus eigener Erfahrung.*«

»*Du bist Musikerin? Dann wird dich vielleicht interessieren, dass wir hier auch Noten aus Glas haben.*«

Sie führt mich zu einem Bücherregal. An den Buchrücken erkenne ich, dass dort viele Partituren meiner Lieblingskomponisten stehen. Ich greife beliebig in das Regal und ziehe ein schmales, unauffälliges Heft heraus. Beethovens Violinkonzert. Ich schlage wahllos eine Seite auf. Weil sie aus Glas ist, fühlt sie sich anders an, als die papierene Ausgabe, die zu

Haus in meinem Bücherregal steht. Die Seiten sind zwar genauso dünn und filigran, jedoch fehlt der typische Geruch von Filz und Druckerschwärze.

Ich fange an, leise die Melodien zu summen. Es fällt mir nicht leicht, weil die hinteren Seiten durch das Glas durchscheinen.

Sie unterbricht mich nach wenigen Zeilen. »Nein, bitte nicht singen, auch wenn du es leise tust. Diese Noten sind zum Sehen da, nicht zum Sprechen. Sie sollen nur in deinem Kopf erklingen. Bei uns ist Singen verpönt, weil das den Partituren wehtut.«

Ihr Argument kann ich nicht nachvollziehen, doch ich entschuldige mich: »Es ist wirklich nicht einfach, ein gläsernes Buch zu lesen.«

»Ja, natürlich. Es ist überhaupt nie einfach, ein Buch zu lesen, sei es aus Papier oder aus Glas.«

»Was ist denn dann der Unterschied zwischen beiden?«

»Bei einem gläsernen Buch kannst du durch die Oberfläche der Worte hindurchlesen. Du dringst tiefer in die Welt der Erzählung ein. Ich gebe zu, das ist nicht einfach. Das muss man üben. Aber irgendwann entdeckt man, dass ein Roman wie Musik ist: immateriell. Strukturen, die man sich erobern muss, die nicht einfach platt greifbar sind. Ein flüchtiges Spiel mit der Zeit, ein freies Pendeln zwischen Gegenwart, Vergangenheit und Zukunft.«

Ich bekomme Lust, selbst einmal ein gläsernes Buch zu schreiben, sage es ihr, hake aber nach: »Das geht ja wohl nicht, oder?«

Zu meiner Überraschung nickt sie mir zu. »Doch, das geht. Allerdings nur mithilfe eines Glasbläsers *wie ich es bin. Du müsstest es dann hier bei uns schreiben.«*

Kaum hat sie das gesagt, legt sich eine melancholische Fehlfarbe über ihr Gesicht.

»Dann müsstest du bei uns bleiben, einer von uns werden. Aber ich fürchte, das willst du nicht wirklich.«

Ich will nicht zugeben, dass sie recht hat, also weiche ich ihr aus.

»Bist du eigentlich auch aus Glas?«

Es sollte eigentlich eine scherzhafte Ablenkung sein, aber sie schaut mich ernst an.

»Wie kommst du darauf?«

»Weil du für mich aussiehst, als seist du eine Hinterglasmalerei.«

Jetzt lacht sie kurz auf.

»Das ist nett. Danke für das schöne Kompliment. Der Vergleich gefällt mir. Nein, ich bin nicht aus Glas. Ich bin aus Öl, Harzfirnis und Farbmittel. Und das schon seit dreihundert Jahren.«

Sie legt den Arm um mich und küsst mich sanft.

Aber nicht zum Abschied, wie ich zunächst vermute, sondern zu einem unerwarteten Neubeginn.

Den leisen Stich spüre ich fast nicht. Es ist die vergiftete Spitze des gläsernen Einhorns, die sie mir in das linke Ohrläppchen drückt.

»Wusstest du nicht, dass man dem Kirschblütengang *niemals entrinnen kann, wenn man ihn einmal gesehen hat?«*

Sie befestigt ein Perlenohrgehänge in dem Einstichloch und lächelt mich verführerisch an.

»Jetzt bist du einer von uns, und du kannst in aller Ruhe Bücher aus Glas schreiben und gläserne Partituren lesen.«

Die Passanten um uns herum bemerken von all dem nichts.

2. Zwischenspiel

Verstrickungen

Das Prinz-Karl-Palais am Wilhelmplatz war festlich erleuchtet. Auf den umliegenden Straßen verwandelten Gaslaternen die Nacht in einen künstlichen Tag, innen sorgten Kerzenkronleuchter für eine künstlerische Stimmung.

Vor dem Zaun drängten sich ein Dutzend Berliner und ein paar Journalisten, um genau zu registrieren, wessen Kutsche vorfuhr und wer wann das Palais wieder verließ. Ein Festkonzert im Prinzenpalais verhieß immerhin Neuigkeiten aus der hohen Politik. Doch sie wurden enttäuscht, die hohen Mauern verhinderten jeglichen Einblick ins Innenleben.

In einer Ecke des Blauen Saals saßen der Militärprediger von Ziethen und der Graf da Silva beisammen und ließen ihr Gespräch über das dänisch-preußische Verhältnis und die erwarteten Kriegshandlungen nahezu reibungslos überleiten in einen Diskurs über das eben erlebte Konzert der Frau mit der blauen Geige.

Es war ein ungleiches Paar. Der zierliche Geistliche mit seiner fantasielosen Uniform wirkte alles andere als ein Mann der weltlichen Politik, der er in Wirklichkeit war. Der Graf, bekanntermaßen ebenso wie der Hausherr Prinz Friedrich Carl Alexander von Preußen ein Freund der schönen Künste, saß breitbeinig in dem Louis-Seize-Sessel, als würde er einen bockigen Hengst reiten.

»Mit der Musik ist es wie mit der Politik«, behauptete der Graf. »Du musst Überlegenheit zeigen, auch wenn du fast geschlagen bist.«

»Hat Ihnen das Konzert denn nicht gefallen?« Der Pastor nippte genießerisch an seinem Sektglas. »Die Geigerin hat doch hinreißend gespielt. Wenn die Männer unserer von Gott geführten Truppen so selbstsicher auftreten würden, wäre der Krieg mit Dänemark gewonnen, ehe er begonnen hätte.«

»Schon, aber für mich war es mehr Blendwerk und Strohfeuer als musikalische Stärke. Erstaunliche Virtuosität, überwältigende Klangmacht. Doch im Innern haben mich die musikalischen Eskapaden nicht erreicht. Mag sein, dass die Blaugeigerin technisch gesehen der Teufel reitet, aber menschlich gesehen fehlt es ihrer Musik an Würde.«

»Seit wann hat Musik eine Würde? Sie ist doch nur Mittel zum Zweck. Die Hauptsache ist der Erfolg. Wie in der Politik« Er leerte das Sektglas ganz weltlich mit einem einzigen Schluck, als wollte er das Rededuell mit dem Grafen durch eine Entscheidungsschlacht abschließen.

Doch dazu kam es nicht. Prinzessin Marie drang unerwartet in das Schlachtfeld ein. Mit ihrem kurz geschnitten Haar sah sie wie ein Schildknappe aus, doch der fürstliche Schmuck am Hals und der kostbare Perlenohrring wies sie als Herrin des Hauses aus.

Bei ihrem Anblick musste selbst der kriegserfahrene Geistliche seine Waffen strecken. »Eure Hoheit beeindruckt mich immer wieder aufs Neue mit Eurem jugendlichen Charme und der dezenten Eleganz Eures Schmucks.«

»Oh, Ihr übertreibt ein wenig, lieber Pastor. Charme und Schmuck sind nichts als eitler Tand einer schwachen Frau. Euch und der Eloquenz Eurer Sonntagspredigten gebietet der wirkliche Ruhm. Wie ich höre, ist die Kirche eine wesentliche Stütze in der Auseinandersetzung mit Dänemark.«

»Was wären«, beeilte sich der Graf ins Gespräch zu kommen. »Was wären Charme, Schmuck und Kriegsführung ohne eine begnadete Förderin der schönen Künste? Auf diesem Gebiet sind uns Eure Hoheiten weit voraus.«

»Unser Verdienst ist es lediglich, jungen talentierten Musikern eine Chance zu geben. Die Ehre des heutigen Tages gebührt einzig der Solistin mit der blauen Geige und ihrer Musik.«

Nun hielt es der junge Mann, der an der Seite der Prinzessin den Saal betreten hatte, an der Zeit, das Wort zu ergreifen. Er war elegant gekleidet und trug sein pechschwarzes Haar auffällig zusammengebunden zu einem strengen Zopf.

»Eure Hoheit, ich bin untröstlich, die Krönung des heutigen Abends verpasst zu haben. Denn nicht Juwelen setzen einer Prinzessin die Krone auf, vielmehr ist es der ästhetische Geschmack, der Euch adelt.«

Prinzessin Marie lächelte ihren Begleiter an, als hätte sie eine unausgesprochene Zuneigung zu ihm gefasst.

»Ja, es ist wirklich schade, dass Ihr nicht früher kommen konntet. Mich hätte Eure Meinung über das Konzert interessiert.«

An die beiden anderen gewandt ergänzte sie: »Darf ich vorstellen, meine Herren: Herr León de

145

Rothschild. Ein Geschäftsfreund des Hauses. Aus Paris, auf dem Wege nach Petersburg. - Herr von Ziethen, Graf da Silva. Meine Herren, ich würde es begrüßen, wenn Sie sich seiner annehmen und ihm beweisen, dass auch Berlin eine Hochburg der schönen Künste ist.«

»Oh, das ist nicht nötig«, entgegnete der Gast. »Das sehe ich bereits an den erlesenen Kunstwerken in Eurem Palast. Aber dennoch würde ich gern mehr über Berlin erfahren. Bei uns in Paris spricht man vom Spree-Athen. Ein hoher Anspruch, wie ich meine, doch was hat es damit auf sich?«

»Um das zu erfahren, seid Ihr bei den beiden Herren in bester Gesellschaft. Der Pastor ist eine geistliche Säule unserer Politik, der Graf da Silva ein Kenner unserer Gesellschaft. Doch Vorsicht, der Graf neigt dazu, andere Menschen kompromisslos von seinen exzentrischen Anschauungen zu überzeugen.« Dabei lächelte sie da Silva versöhnlich an. »Doch nichts für ungut. Deswegen ist er ja auch ein enger Berater des Königs. Wir lieben den Diskurs. Jasager bringen einen Staat nicht voran.«

Aus dem benachbarten Raum drang verhaltener Beifall. Die Prinzessin drehte ihren Kopf kurz zur Seite, dann verflog das Lächeln auf ihrem Gesicht. »Gern würde ich mit Ihnen ein wenig weiter plaudern, doch, wenn Sie mich jetzt entschuldigen würden, draußen rufen die Pflichten der Hausherrin.«

Mit einer kurzen Geste verabschiedete sie sich und kehrte in den Ballsaal zurück. Der Baron von Rothschild setzte sich zu den beiden und zog ein silbernes Etui aus der Jackentasche. »Habano. Meine

Lieblingsmarke. Direkt aus Kuba. Kann ich empfehlen.«

Die Herren langten dankend zu. Man zündete sich die Zigarren genießerisch an, und schnell füllte sich der Raum mit Tabakqualm, als müsse er beweisen, dass er seinen Namen *Blauer Salon* zu Recht verdiente.

»Wir unterhielten uns gerade über das Konzert«, eröffnete der Geistliche die neue Gesprächsrunde. »Ich fand es hinreißend, so schwungvoll und virtuos. Doch dem Grafen war es nicht emotional genug. Aber das kennen wir bei ihm ja schon: Immer muss er alles schlechtreden.«

»Wenn ich hier und da Kritik übe, heißt es noch lange nicht, dass ich etwas schlechtmachen will. Ich zeige nur, dass es gelegentlich auch eine andere Sichtweise geben kann.«

»Ich bedaure, dass ich in diese Diskussion nicht einsteigen kann, denn mir war es nicht vergönnt, das Konzert zu erleben. Wohl aber kann ich Ihnen versichern, dass der Ruf jener Solistin mit der blauen Geige bis zu uns nach Paris durchgedrungen ist. Aus ihrer Hand soll die Musik klingen, als käme sie direkt aus dem Himmel. Man lobt besonders ihre außergewöhnliche Bogentechnik, die Eleganz der Arpeggien, die Flüssigkeit der Fingerpizzikati.«

Dem Grafen fielen die langen schmalen Finger auf, mit denen der Neuankömmling seine Zigarre hielt. »Mir scheint, Sie kommen vom Fach. Sind Sie auch Geiger, wenn ich fragen darf?«

»Oh nein«, wehrte León mit entschiedenem Ton ab. »Ich verstehe von Musik so wenig wie ein Stallknecht vom Zigarrendrehen. Ich bin Bankier und

Makler, genauer gesagt, Schiffsmakler für den Übersehandel. Mein Metier ist die Wirtschaft, nicht die Kunst.«

»Dann sind wir beide ja so etwas wie Bündnisgenossen«, eiferte sich der Pastor. »Kirche und Handel sind die entscheidenden Stützen eines prosperierenden Staates. Was du nicht mit der Bibel in der Hand erreichst, schaffst du mit der Wechselmünze. Tugend, Anstand, Sitte und Moral, das sind unsere gemeinsamen Ziele.«

»Verehrter Herr de Rothschild, Sie müssen mit dem Pastor etwas nachsichtig sein. Er lebt geistig immer noch in der unrühmlichen Zeit, als die Kirche zusammen mit den Söldnern und den Glasperlenhändlern in der Neuen Welt unterwegs war, um die indigene Bevölkerung auszurotten. Sucht, Unmoral und Gier waren die Folge. Und nur deswegen ist es damals mit Europa bergaufgegangen.«

»Wenn ich Sie daran erinnern darf, verehrter Graf, ich handle nicht mit Glasperlen. Ich makle Schiffe weltweit. Dazu bedarf es anderer Mittel als Glasperlen. Ein Unterschied, als würde man eine Gambe mit einer Stradivari verwechseln.«

»Oh, ich sehe, Sie kennen sich in der Musik besser aus als sie vorgeben«, hakte der Graf nach. »Ob Glasperle oder Schiff, Gambe oder Stradivari, das Leben schreitet nicht voran, weil die Menschheit Tugend, Anstand, Sitte und Moral für sich entdeckt hat. Im Gegenteil. Entschuldigen Sie mich, wenn ich mich wiederhole: Laster und Verbrechen sind die eigentlichen Triebkräfte der Gesellschaft.«

Der Pastor stellte sein leeres Sektglas entrüstet auf eine Anrichte. »Sie schrecken wohl vor nichts zurück. Ich frage mich, ob Ihre Anschauungen eines Christen würdig sind.«

»Würde. Ein fragwürdiger Begriff, lieber Pastor. Meinen Sie, dass Sie, nur weil Sie einen Talar tragen, Würde ausstrahlen? Sind es Ihre aufrechte Körperhaltung und das niedliche Ordensband am Hals, die Sie zu einem Würdenträger machen? Wohl etwa Ihre christliche Lebensauffassung? Dann würden Sie allen Andersgläubigen und Nichtgläubigen jegliche Würde von vornherein absprechen.«

»Ich meine«, versuchte León einzuwenden, »Würde ist der Versuch des Menschen, sich mit seiner Unvollkommenheit, mit seinen Lastern und Verstrickungen, mit seinen unerfüllbaren Träumen abzufinden, ohne seine Mitmenschen damit zu behelligen.«

Der Graf ließ den Einwand nicht gelten. »Das sehe ich anders, verehrter Herr de Rothschild. Man muss seine Psychosen und Träume ausleben, nicht verdrängen, sonst verkümmert die Seele. Und nicht nur das. Wenn alle wie Pietisten leben würden, gäbe es weder zivilisatorischen Fortschritt noch gesellschaftlichen Reichtum. Mit Tugend allein ist kein Staat zu machen. Eigenliebe und Selbsterhaltungstrieb halten die Welt im Innersten zusammen. Sie spornen uns an, voranzuschreiten, aufzubegehren, neue Wege zu beschreiten. Doch wir sollten das nicht öffentlich zeigen. Wir müssen es lernen, ein Doppelleben zu führen, uns zu verkleiden, Masken aufzusetzen, um die Mitmenschen hinters Licht zu führen. Nur dann haben wir Erfolg, wir und unsere Gesellschaft. *Stolz, Luxus und Betrügerei muss sein, damit ein Volk gedeih'*, hat mal ein kluger Philosoph gesagt, an dessen Namen ich mich nicht erinnern kann.«

Jetzt war es der Pastor, der mit seinem Buchwissen glänzten. »Das war Bernard Mandeville, ein Scharlatan aus der Barockzeit, ein Erzfeind der christlichen Nächstenliebe.«

»Dass Sie als Militärprediger nicht meiner Meinung sind, war vorauszusehen. Doch was meinen Sie, verehrter Herr de Rothschild? Überzeugt Sie meine Argumentation?«

Ehe León antworten konnte, trat ein Diener in den Blauen Salon und unterbrach das Gespräch mit einer lauten Ankündigung.

»Das Prinzenpaar lädt zum Tanz im Ballsaal ein.«

*

Nach dem offiziellen Teil des Abends gehörte León zu einem der ersten Tanzpartner der Prinzessin Marie. Ihre Halskette und der Perlenohrring glitzerten im Kerzenlicht und bewegten sich sanft zum Takt der Musik.

Langsamer Walzer in azurblauem As-Dur.

»Ihr tanzt wunderbar«, lobte die Prinzessin. »Geschmeidig und sehr musikalisch. Fast wie eine Frau. Anders als die steifen Herren, mit denen ich mich hier üblicherweise herumlangweilen muss.«

»Danke für das Kompliment. Aber vergesst nicht, dass ich aus Paris komme. Dort tanzen alle Herren so wie ich.«

»Leider war es mir noch nicht vergönnt, Paris kennenzulernen. Die Stadt der Liebe, die Stadt, die niemals schläft, sagt man. Stimmt das?«

»Nun ja, dass Paris nie zur Ruhe kommt, ist schon richtig. Aber das mit der Liebe möchte ich anzweifeln. Für die Liebe gibt es keine Stadtgrenze, man findet sie überall, auf dem Lande ebenso wie in der Stadt. Sicherlich auch hier in Berlin.«

»Mag sein, aber am preußischen Hof ist alles so formal. Auch was die Liebe angeht. Ich hörte, die Pariser seien viel lockerer im Umgang mit ihr. Wie ist das bei Euch? Seid Ihr auch so freizügig in der Liebe?«

»Traut Ihr mir das zu? – Oder besser gefragt: Würde Euch das gefallen?«

»Ich weiß nicht. Ihr seid nicht wie all die anderen Männer hier. Die würden es nie wagen, mir eine derartige Frage zu stellen. Aber es gefällt mir. Ich meine beides. Es gefällt mir, dass Ihr so mit mir redet, und es würde mir gefallen, wenn Ihr freizügig in der Liebe wäret.«

»Es kommt darauf an, was Ihr unter freizügig versteht. Freizügig im Sinne von *ungebunden*? Nein, das passt nicht zu mir. Freizügig im Sinne von *nicht den gesellschaftlichen Moralvorstellungen entsprechen*? Das würde ich mir nur in meinen Träumen erlauben. Oder meint Ihr freizügig im Sinne von *weitherzig*? Dann wäre es mir ein Kompliment, wenn Ihr mich so einschätzt.«

»Ihr versteht euch auf diplomatische Antworten. Antwortet mir ehrlich: Scheut Ihr die Versuchung?«

»In der Realität ja, im Traum nein.«

Inzwischen war das Paar unter den letzten Takten des Walzers auf den Balkon hinausgetanzt. Doch mit dem letzten Ton lösten sie sich nicht voneinander. Sie schauten schweigend auf das hell erleuchtete Berlin hinab. Die Linden am Wilhelmplatz schimmerten hellgrün im Licht der Gaslaternen. Auf den Straßen herrschte immer noch reger Betrieb. Es war die Zeit der Nachtschwärmer und Bettler. Auf den ersten Blick schien die Nacht alle Menschen gleich zu machen. Von hier oben konnte man die sozialen Unterschiede nicht an der Kleidung erkennen, wohl aber an den Bewegungen. Die vergnügungssüchtigen Bürger trieben durch die Straßen wie Blätter im Wind, während die Bettler unter den Laternen hockten wie einsame Bücherstützen in einem leeren Bücherregal.

Nach einer Weile griff die Prinzessin den Gesprächsfaden wieder auf. »Ich wüsste zu gern, welche Träume da unten Revue passieren. Das wäre sicherlich Stoff für hunderte von Romanen. – Lieber León, erzählt mir mehr von Euren Träumen! Ich liebe unwirkliche Geschichten.«

»Welche wollt Ihr hören, Träume, die sich erfüllt haben oder Träume, die für immer offenblieben?«

»Ist da denn ein Unterschied?«

»Ja. Ein Traum, der ein Traum bleibt, eben weil er nicht zur banalen Realität verkommt, ist der edelste aller Träume. Das Schöne an Träumen ist, dass sie eine Fiktion sind. Träume, die erfüllt werden, verlieren ihren Reiz.«

»Dann erzählt mir einen Eurer unerfüllten Träume.«

»Ich fürchte, es wird Euch schockieren, doch oft träume ich davon, so wie einer der Bettler da unten zu sein, die Hand auszustrecken in der Hoffnung, dass eines Tages etwas im Hut sein würde, das eigentlich unerreichbar ist. Eine seltene Goldmünze, ein kostbares Juwel, eine Kaiserkrone. Oder Eure Halskette.«

»Ein seltsamer Traum für einen wohlhabenden Mann!«

»Ihr missversteht mich. Es geht mir nicht um das Vermögen. Der Traum ist ja noch nicht zu Ende. Ich gehe mit dem Schatz zum Pfandleiher und verschenke den Erlös an bedürftige Menschen in der Vorstadt.«

»Dann seid Ihr also eine Art Robin Hood? Als Kind habe ich dessen Geschichten mit Begeisterung gelesen. Doch heute, als Prinzessin, fehlt mir Kraft, meine Kindheitsträume in die Tat umzusetzen.«

»Also habt auch Ihr unerfüllbare Träume. Das ehrt Euch in meinen Augen.«

Im Ballsaal stimmte das Orchester ein Menuett an. Marie löste sich von León.

»Der nächste Tanz erwartet mich. Bestimmt wieder einer der langweiligen Hofherren. Ich muss Euch jetzt verlassen. Doch ich habe eine Idee, mein lieber Robin Hood. Brecht in mein Frauenzimmer ein. Es befindet sich im gegenüberliegenden Trakt. Sagt einer meiner Hofdamen, sie möge Euch das Kästchen mit dem Perlenschmuck überreichen. Ich bräuchte es hier. Wir treffen uns dann nach dem nächsten Tanz unten im Garten und teilen uns die Beute. Dann wollen wir sehen, ob sich unsere Träume nicht doch irgendwie erfüllen.«

»Aber das geht nicht. Man würde mich für einen Einbrecher halten, mich verjagen, gar die Polizei rufen. Dann wäre der Traum von einem Rendezvous im Garten von vornherein geplatzt.«

»Ja, Ihr habt recht. Hier nehmt meinen Perlenohrring als Beweis meines Vertrauens. Das wird die Hofdamen überzeugen. Sagt ihnen, es sei alles nur ein Spiel, eine Laune von mir.«

Im Garten wartete Marie vergebens. Nicht die geringste Spur, weder von León, noch vom Perlenschmuck. Auch Herr von Ziethen und der Graf da Silva hatten León nicht wieder zu Gesicht bekommen. Marie war verunsichert. Vorsichtig, ohne die delikate Unterhaltung mit dem Gast während des Walzers zu erwähnen, fragte sie ihren Mann, wie denn die Geschäfte mit dem Herrn de Rothschild verliefen.

Der Prinz hatte den Namen noch nie gehört.

Jetzt war Marie sicher, dass sie einem wirklichen Robin Hood auf dem Leim gegangen war. Sofort befahl sie ihrem Hofmeister, die Ausgänge streng aber unauffällig überwachen zu lassen und im ganzen Palais samt Garten nach dem Mann mit dem zum Zopf zusammengebundenen, pechschwarzen Haar zu fahnden.

Ohne Erfolg. Die Türwachen versicherten, niemand dieses Aussehens hätte das Palais bislang verlassen. Herr de Rothschild war wie vom Erdboden verschluckt. Marie schämte sich wegen ihrer Naivität und verzichtete darauf, die Polizei einzuschalten. Im Übrigen konnte sie den Verlust verschmerzen, sie hatte ja noch genügend anderen Schmuck. Und außerdem hatte sie den Perlenschmuck von Anfang an nicht leiden können. Sie meinte, er machte sie um Jahrzehnte älter.

Kurz vor Mitternacht wollte eine in einen langen Mantel gehüllte Dame mit einem Geigenkasten unter dem Arm das Palais durch einen der Seiteneingänge verlassen. Einer der Wächter machte Anstalten, sie zurückzuhalten, weil er sie nicht kannte. Doch sein Kollege beruhigte ihn: »Das ist doch die Frau mit der blauen Geige, die Solistin des heutigen Abends. Und außerdem suchen wir nach einem Mann mit pechschwarzem Haar und einem Zopf, nicht nach einer Frau mit dunkelbraunem Haar und einem Nackenknoten.«

*

Eleonora Puthkofer hatte es sich angewöhnt, die Post abzufangen, eher sich ihr Mann dafür interessierte. So wusste sie immer als erste, was sich Gutes oder Schlechtes über dem Haus zusammenbraute.

Meist war es Schlechtes. Die Mahnungen der Lieferanten kannte sie zur Genüge. Sie ahnte, dass es mit dem Weinhandel ihres Mannes bergab ging. Die als Warenanfragen getarnten Briefe jener attraktiven Dame aus Hamburg, die ihr Mann *aus Geschäftsgründen* hin und wieder besuchte, und die von einem aufdringlichen Parfümgeruch begleitet waren, durchschaute sie schon lange.

Dass er dabei ihre gemeinsamen pietistischen Grundsätze verletzte, hatte anfangs in ihr ein Gefühl der moralischen Überlegenheit ausgelöst. Sie fühlte sich zu Höherem berufen, zur Bekehrung irregeleiteter Seelen. Doch die wöchentlichen Gemeindebriefe waren mit einer derartigen Lieblosigkeit verfasst, dass Eleonora anfing, an dem Sinn ihrer Mission zu zweifeln. Lohnte es sich wirklich, einen langweiligen Pietismus zu predigen, wenn dabei jegliche Lebensfreude im Keim erstickte?

Den heutigen Gemeindebrief wollte sie ungelesen zerreißen. Doch im letzten Moment bemerkte sie,

155

dass sie dabei fast auch ein schmales, unscheinbares Brieflein in einem gelben Umschlag zerrissen hätte.

Post mit Stempel aus Berlin. Absender: nur *León*. Keine Adresse. Sofort ordnete sie den Brief in die Kategorie *gute Post* ein. Rasch zog sie sich in ihr Zimmer zurück und öffnete vorsichtig den Umschlag, damit der Briefbogen nicht eingerissen würde.

»Bin in Berlin. Brauche dringend Ihre Hilfe. Es geht um humanitäre Unterstützung einer bettelarmen Familie. Dabei muss ich Wege beschreiten, die so ungewöhnlich sind, dass ich sie hier nicht mit Tinte verewigen darf. Vertrauen Sie mir. Ohne Sie würde ich in des Teufels Küche geraten. Nehmen Sie kommenden Freitag den Frühzug nach Berlin. Ich erwarte Sie am Hamburger Bahnhof.«

Eleonora lehnte sich in ihrem Louis-seize Sessel zurück. Endlich ein Lebenszeichen von León, endlich wieder Spannung in ihrem ansonsten tristen Dasein. Endlich wieder eine Aufgabe, die ihrem Leben einen Sinn geben würde.

Ihrem Mann gegenüber täuschte sie vor, sie wolle Glaubensbrüder in Berlin besuchen. Ihm war das nur recht, so hatte er für ein paar Tage sturmfreie Bude.

*

León führte Eleonora, nachdem er sie vom Bahnhof abgeholt hatte, in das Victoria-Café an der *Friedrichstraße* Ecke *Unter den Linden*. Dort herrschte reger Betrieb. Nur durch Zufall gelang es ihm, einen der begehrten Fensterplätze zu ergattern, die einen atemberaubenden Ausblick auf das pulsierende Leben ermöglichten. Menschen aller Schichten, aller Berufe und wahrscheinlich aller Nationen waren hier unterwegs. Rastlose Geschäftigkeit vermischte sich mit selbstgefälligem Snobismus, Pariser Eleganz traf auf Konfektion aus den Vorstädten, weltverlorene Tagträumer stießen auf müde Nachtschwärmer. Die einen eilten, die anderen weilten. Hier konnte man bei einem guten Kaffee die ganze Bandbreite zwischen Licht und Schatten einer Großstadt studieren.

»Ein Schmelztiegel der Gesellschaft«, erklärte León. »Preußische Gardisten, Berliner Marktfrauen, englische Touristen, Südtiroler, Schotten, Schwaben, Große, Kleine, Krumme, Dicke, Gelbe, Grüne, Blasierte, Verdrehte, Verkorkste, Neider, Nörgler, Kuppler, Besserwisser, Weltverbesserer, Apokalyptiker, Narzisse, Alkoholiker, Melancholiker, Phlegmatiker, Choleriker, Sanguiniker.«

Wenn die Serviererin nicht erschienen wäre, hätte León seine Litanei stundenlang fortsetzen können.

Er bestellte Mokka und Kuchen.

Dann nahm er wieder Fahrt auf. »Eitelkeiten, Sehnsüchte, Prahlereien, Träume, Enttäuschungen, Selbstbetrug, Liebe, Verachtung, Verzweiflung, Hoffnung. Alle Tugenden und Laster der Menschheit auf wenigen Quadratmetern Straßenpflaster vereint.«

Mit einer dezenten Handbewegung deutete er in die Runde. »Hier können wir uns ungestört unterhalten. Je mehr Leute um uns herum, und je verschiedener sie sind, umso weniger werden wir beachtet, umso einsamer sind wir.«

»Ich hätte nie gedacht, dass man in einer Großstadt einsam sein kann.«

»Aber natürlich, hier kennt keiner den anderen, hier grüßt man sich nicht. Ja, man schaut sich nicht einmal in die Augen. Eine Großstadt ist der perfekte Ort um unterzutauchen.«

»Wollen Sie damit sagen, dass Sie etwas zu verbergen haben?«

León zögerte mit der Antwort. Ihm war es nicht recht, dass Eleonora so schnell und direkt auf den Anlass ihres Treffens zu sprechen kam.

»Ach wissen Sie, das Gute und das Böse liegen manchmal so dicht beieinander, dass es schwer ist zu entscheiden, ob man sich offenbaren, oder ob man etwas verbergen sollte. Jeder Mensch prahlt mit irgendetwas, und jeder Mensch hat irgendetwas zu verbergen. Sie etwa nicht? Ist Ihre Fahrt nach Berlin eine Offenbarung oder ein Geheimnis?«

»Jetzt gehen Sie aber etwas zu weit. Das sind Dinge, über die ich mit Ihnen nicht sprechen möchte. Jedenfalls gibt es für mich eine klare Grenzlinie zwischen Gut und Böse, und das ist die christliche Ethik. Bescheidenheit, Nächstenliebe, Barmherzigkeit, Seelenfrieden.«

»Erlauben Sie, dass ich widerspreche. Das alles sind Tugenden, die ja ganz nett klingen, die aber unsere Gesellschaft nicht wirklich voranbringen. Im Gegenteil. Eigenliebe, Sucht und Gier sind die Motoren der Zivilisation. Laster, Verfall der Sitten und Unmoral treiben Wohlstand und Fortschritt an. Und warum? Weil die Eigenliebe, der Wille, sich und sein Hab und Gut zu erhalten, stärker und natürlicher ist als die Nächstenliebe. Vorausgesetzt, man ist radikal ehrlich sich selbst gegenüber und misstraut jeglichen fremden Heilsbotschaften. Schauen Sie doch mal aus dem Fenster. Meinen Sie, all diese Menschen haben nur ein Ziel? Die Kirche, die Beichte, die Absolution?«

»Sie verwirren mich. Ich meine, Sie reden wirr.«

Die Kellnerin unterbrach für einen Augenblick das Gespräch, weil sie den Mokka und den Kuchen servierte. Dann fuhr León fort: »Fällt Ihnen übrigens auf, dass ich den Kuchen diesmal nicht ergaunert habe, so wie damals in der Konditorei Dührkopp in Lübeck? Ich bin ehrlich geworden, das habe ich Ihrem Einfluss zu verdanken.«

»Wirklich? Warum sprachen Sie in Ihrem Brief dann von des Teufels Küche, von der Hölle? Ist Ihre Theorie vom Heil des Sittenverfalls ins Wanken geraten?«

»Durchaus nicht, aber ich interpretiere diesen Begriff nicht aus bürgerlicher Sicht. Ich meine mit Sittenverfall nicht eine Negation der Menschlichkeit, sondern die Kritik am bürgerlichen Sittenkodex, der nur dazu dient, unbescholten Geschäfte zu machen, um die Rendite zu steigern.«

»Sie sind ein Anarchist, wenn ich es richtig verstehe.«

»Wenn Ihnen das Etikett gefällt, warum nicht. Ich würde von mir eher sagen, ich bin eigensinnig. Und damit sind wir beim eigentlichen Grund unserer Zusammenkunft.«

Er zog eine schmale Schatulle aus seiner Jackentasche. »Hier, werfen Sie einen kurzen Blick hinein, aber bitte unauffällig. Außer Ihnen sollte niemand den Inhalt sehen. Das würde all meine Pläne zerstören. Auch Sie sollten Stillschweigen bewahren.«

Eleonora öffnete das Kästchen nur einen Spalt weit. In ihre Augen flammte für einen Augenblick Begehrlichkeit auf.

»Nein, das darf nicht wahr sein! Haben Sie das gestohlen?«

»Ich möchte es so ausdrücken: Der Schmuck ist mir durch eine glückliche Fügung zufällig in die Hände geraten. Gewissermaßen eine Erbschaftsangelegenheit, nichts Kriminelles.«

»Wenn ich das richtig sehe, fehlt da aber etwas. Hier, das ist das Fach für einen Perlenohrring, und es ist leer. Ich kenne mich ein wenig mit Perlenschmuck aus und weiß, dass er normalerweise zu dem Ensemble dazugehört.«

Leóns Mundwinkel zuckte für einen Moment nervös. Auf diesen Einwand war er nicht gefasst. Er nahm Eleonora das Kästchen aus der Hand und schloss es hastig. »Das gehört jetzt nicht hierher. Im Übrigen sollten wir den Schmuck nicht unnötig in der Öffentlichkeit präsentieren.«

»Und was habe ich damit zu tun? Sie wollen mir die Perlenkette doch wohl nicht schenken.«

»Natürlich nicht, denn ich weiß, dass Sie sie aus Ihrer christlichen Ethik heraus niemals annehmen würden. Nein, es geht um etwas ganz anderes. Ich möchte die *geerbte* Kette in Bargeld umwandeln, und dazu brauche ich Ihre Hilfe.«

»Warum machen Sie das denn nicht selbst, wo Sie doch offenbar ein reines Gewissen haben?«

»Das Problem ist, dass ich zu bekannt bin. Es wäre ein peinliches Stadtgespräch, wenn ein Mann meines Namens Schmuck bei einem bürgerlichen Juwelier verkauft. Man würde sofort munkeln, mein Haus

160

sei bankrott. Dabei geht es im Wesentlichen nicht um mich.«

»Warum wollen Sie denn dann Ihren Schmuck veräußern?«

»Es ist eine humanitäre Herausforderung, die mich reizt. Ich möchte jemand anderem helfen.«

»Das verstehe ich jetzt nicht. Eben sagten Sie noch, Sie verachten die Nächstenliebe.«

»Ich habe nicht gesagt, dass ich sie verachte. Man muss nur ihren Stellenwert im Leben richtig einschätzen und sich ihrer, wenn es die Klugheit erfordert, gezielt bedienen.«

»Und wen wollen Sie mit Ihrer klug dosierten Menschenliebe beglücken? Und warum?«

»Ach, das ist eigentlich eine lange Geschichte, mit der ich Sie nicht langweilen möchte. Im Moment reicht es, wenn ich Ihnen sage, dass ich einem kleinen Jungen seinen sehnlichsten Wunsch erfüllen möchte.«

»Mögen Sie Kinder? Das hätte ich jetzt nicht unbedingt vermutet.«

»Im Allgemeinen nicht, aber hier geht es um ein Kind, dessen Talent ich fördern möchte. Ich weiß, dass aus ihm ein begnadeter Geiger werden könnte, wenn er den richtigen Unterricht bekäme. Doch den können sich seine Eltern nicht leisten, geschweige denn, sich ein ordentliches Instrument kaufen.«

»Sie erstaunen mich immer mehr. Wie es scheint, lieben Sie die Musik?«

»Nun ja, ich verstehe nur wenig von Musik, aber ich mag sie. Nehmen wir mal an, ich wollte als kleiner Junge auch mal Geige lernen, durfte es aber nicht, weil meine Eltern meinten, ich sollte später etwas Ordentliches werden, in die Finanzwelt gehen.«

161

»Langsam beginnen Sie, mir sympathisch zu werden.«

»Vielleicht sind wir beide uns ja gar nicht so unähnlich, wie es auf den ersten Blick scheint. Ihre Sympathie zu gewinnen, wäre sicherlich eine Ehre. Aber im Moment brauche ich eher Ihre tatkräftige Unterstützung.«

»Und wie sieht die konkret aus?«

»Gehen Sie mit dieser Schatulle in die Eiergasse, gleich neben der Nikolaikirche. Dort gibt es einen kleinen Juwelierladen, der eher wie eine Trödlerbude aussieht. Ich habe gehört, der Inhaber sei ein ehrlicher Mann, er wird Ihnen die Kette zu einem vernünftigen Preis abkaufen. Dann fahren Sie mit der Bahn nach Nauen, das liegt auf der Bahnstrecke nach Hamburg. Dort fragen Sie sich nach einem Vogelhändler durch, dessen Sohn Jonas heißt. Das dürfte nicht schwer sein, denn es wird nur eine einzige Familie geben, die in Nauen diesen Beruf ausübt. Fragen Sie, was sich Jonas am liebsten wünscht. Wenn man Ihnen antwortet, Geige zu spielen, dann überreichen Sie dem Vater die Hälfte des Geldes. Aber nur unter der Bedingung, dass er dafür eine ordentliche Geige kauft. Die andere Hälfte soll er in den Geigenunterricht stecken. Dazu suchen Sie einen gewissen Émile Fouqué auf. Sie erreichen ihn am besten in Krolls Etablissement am Rand des Tiergartens. Er ist dort Geschäftsführer. Ich werde ihn auf Ihren Besuch vorbereiten. Er soll dem kleinen Jonas den besten Unterricht geben, den er vermitteln kann.«

»Jonas also heißt Ihre Nächstenliebe. Der Name gefällt mir. Er erinnert mich an die biblische Geschichte von Jonas und dem Wal. Eine Parabel über die Güte Gottes. Sie werden sie nicht kennen.«

»Sie täuschen sich. Ein wenig bibelfest bin ich schon. Aber bitte vergleichen Sie Gottes Güte nicht mit meiner bescheidenen Anwandlung von Nächstenliebe. Ich möchte nur einem talentierten Jungen verhelfen, seinen Träumen nachzugehen. Zum Wohle der Musik.«

»Sie sind kein Anarchist. Sie sind ein Romantiker, wie mir scheint. Und die Romantik gefällt mir, auch wenn, oder gerade weil sie in meiner Welt des Pietismus so wenig Platz hat.«

»Dann wird es Zeit, sich eine andere Welt zu suchen, meine liebe Eleonora.«

Kapitel 5 – Entscheidungen

»Habt ihr das gelesen?«

Wilhelm Mantels warf die Zeitung auf den Tisch. Mal wieder saßen die Freunde zusammen im Garten des *Tivoli*, direkt am Ufer der Wakenitz. Vor den Toren und in den wenigen kleinen Gärten der Stadt brach die Zeit der Kürbisernte an. Während die Herbstblumen schon leuchteten, begannen die ersten Lindenblätter sich gelb zu verfärben. Auf der Wakenitz war es jetzt zu feucht, um gemütlich im Ruderboot zu sitzen. Trotz der frühherbstlichen Witterung waren sämtliche Gartentische des Lokals besetzt. Viele Lübecker nutzten die wohl letzte Gelegenheit in diesem Jahr, den Abend bei einem Bier im Freien zu genießen. Aus dem Glassaal drangen die Walzerklänge eines Salonorchesters herüber. Witwe Hörner, die Betreiberin des *Tivoli*, hatte alle Hände voll zu tun.

Die Freunde des Holstentors interessierten sich nicht für das Tanzvergnügen da oben. Man traf sich, um das Tagesgeschehen zu diskutieren. Durch die erfolgreiche Propaganda der letzten Wochen war der Kreis um Julius Milde, Wilhelm Mantels und Gottfried Herrmann gewachsen. Nur Clas fehlte in der Runde.

Bäckermeister Andreas Görz und Brauereibesitzer Johann Böcken hatten sich der Gruppe sofort nach dem Benefizkonzert vorm Holstentor angeschlossen. Görz, weil er meinte, seine Kundschaft in den Kreisen des Bildungsbürgertums zu vergrößern, wenn er sich als Liebhaber von Altertümern ausgab. Böcken, weil er immer noch hoffte, ein gewinnträchtiges Café am

Holstentor eröffnen zu können, an der touristischen Drehscheibe zwischen Bahnhof und Stadt.

In der Bürgerschaft wechselten immer mehr Abgeordnete die Front. Der Goldschmied Gottlieb Hümöller sah im Holstentor plötzlich nicht mehr eine Bedrohung des Friedens. Im Gegenteil, er ließ dessen stilisiertes Abbild als Markenzeichen in seine Goldketten und Armbanduhren einstanzen.

Peter Kollmann, erfolgloser Wein- und Schnapshändler, war von Hümöller, seinem Nachbarn auf den Bänken der Bürgerschaft, ohne viel Aufwand überredet worden, sich auf die Seite der Freunde des Holstentors zu schlagen. Weniger aus kulturellen Gründen, sondern weil er endlich Morgenluft witterte, um seinem ebenso verhassten wie erfolgreichen Konkurrenten Havermann, dem Wortführer der Minderheit der Abrissbefürworter im Senat, eins auszuwischen.

Julius Milde warf nur einen kurzen Blick auf die Zeitung. »*Lübecker Geigerin begeistert Berlin – Hauskonzert bei Prinz Carl* - Ja, ja. Das war zu erwarten. Clas Freundin macht jetzt Karriere. Ich fürchte, sie wird für unsere Ziele kein zweites Benefizkonzert geben. Berlin lockt mehr als eine alte Hansestadt. Und ich glaube, Clas wird sie auch über kurz oder lang von ihrer Liste streichen.«

Er warf die Zeitung verärgert auf den Tisch.

»Ja, das sehe ich auch so«, pflichtete Mantels ihm bei. »Mehr noch. Ich rechne damit, dass er vor lauter Liebeskummer auch uns nicht mehr zur Verfügung steht. Dabei sind seine Karikaturen in der *Lübecker Zeitung* eine wertvolle Unterstützung.«

»Schon«, widersprach der Musikdirektor Gottfried Herrmann. »Aber sie haben die Stimmung auch

165

tüchtig angeheizt. Je mehr der Block der Abrissbefürworter bröckelt, desto gefährlicher wird er. Es
bleibt nicht bei Karikaturen und verbalen Auseinan-
dersetzungen. Immer öfter kommt es zu handfesten
Attacken. Einer meiner Musiker wurde neulich ver-
prügelt, nur weil er am Benefizkonzert teilgenommen
hatte. Wo soll das alles nur hinführen?«

Die Frage blieb im Raum stehen, denn in diesem
Moment kam Senator Havermann an ihrem Tisch
vorbei. »Na, die Verteidiger des Holstentors sind mal
wieder am Politisieren? Die Herren kommen zu spät,
denn die Mehrheit der Lübecker ist für den Abriss.
Wieso wollen Sie sich länger gegen unwiderrufliche
Fakten stemmen?«

Mantels, der anerkannte Sprecher der Gruppe,
konterte: »Da bin ich mir nicht so sicher, Herr Senator. Immer mehr Lübecker stellen sich auf unsere Seite, weil sie erkennen, dass eine Stadt nicht so unver-
antwortlich mit den Zeugnissen ihrer Geschichte umgehen sollte.«

»Ach was, das sind nur wenige, die immer noch
nicht begriffen haben, dass in Europa eine neue Zeit
angebrochen ist, die Zeit der Eisenbahnen und der
Dampfschiffe. Da kann man nicht mehr mit der Pfer-
dekarre und dem Segelboot Handel treiben. Das
müssten Sie, Kollege Kollmann, als Weinhändler
doch am besten wissen. Ich wundere mich, dass Sie
sich den Ewiggestrigen angeschlossen haben.«

Der Angesprochene wollte heftig auffahren, doch
Milde hielt ihn zurück. »Wenn wir uns für den Erhalt
des Holstentors aussprechen, heißt das noch lange
nicht, dass wir zukunftsfremd sind. Das Alte lässt sich

sehr wohl mit dem Fortschritt verbinden, man muss nur den richtigen Weg einschlagen.«

»Warten, bis das morsche Tor zusammenfällt und am Ende noch Menschenleben kostet?«

»Sie scheinen nicht auf dem neusten Stand der Dinge zu sein. Sie als Senator müssten das vom Senat in Auftrag gegebene Gutachten des geheimen Regierungsrats von Quast doch am besten kennen. Immerhin ist dieser der erste Konservator der Kunstdenkmäler von Preußen und Mitglied der technischen Baudeputation in Berlin. Ein Fachmann also. Und wenn ich mich richtig erinnere, schließt sein Bericht mit den Worten:

Der Unterzeichnete glaubt schließlich seine volle Überzeugung aussprechen zu müssen, dass das Holstentor nicht nur keinerlei Besorgnis für dessen Erhaltung in der Zukunft darbieten wird; dass es vielmehr für ferne Zeiten hin der alten Hauptstadt der Hanse noch einen Schmuck zu verleihen mag, der ihr durch keinerlei moderne Anlagen ersetzt werden kann, indem dasselbe den eigenen Bürgern nicht minder wie allen anderen Deutschen und selbst den Fremden ein sichtbares Zeichen der alten Macht und Herrlichkeit vor Augen stellt, dem kein anderes Tor aus jener Zeit weder innerhalb noch außerhalb Deutschlands, was die großartige Gesamterscheinung betrifft, an die Seite gestellt werden kann.«

Havermann reagierte mit einem überheblichen Lächeln. »Sie scheinen den Text ja auswendig gelernt zu haben. Haben Sie das nötig? Sie wissen doch, Papier ist geduldig. Entscheidend sind die Fakten. Und wer schafft sie, die Fakten? Wir Politiker, nicht irgendein Maler, ein Musikdirektor oder ein Professor des Katharineums. Und erst recht nicht ein erfolgloser Weinhändler wie Sie, lieber Kollege Kollmann.«

Ohne eine Antwort abzuwarten, machte sich der Senator aus dem Staube. Es hätte nicht viel gefehlt, dass Kollmann ihm den Bierkrug hinterherwarf, doch er entschied sich, seinen Ärger mit einem kräftigen Schluck Bier herunterzuspülen. »Am liebsten würde ich diesem Angeber den Hals umdrehen!«

Julius Milde mochte die plumpe Art des Weinhändlers nicht. Er hielt ihn nicht unbedingt als einen Gewinn für die Bewegung. »Wir dürfen uns nicht provozieren lassen. Gewalt, mein Freund, löst nicht die Probleme. Im Gegenteil, sie schafft nur neue. Wir müssen geduldige Überzeugungsarbeit machen, und da kommt uns das Quast-Gutachten sehr gelegen. Und wir brauchen eine gute Presse. Da war der Bericht über Noëlles Konzerte in Berlin schon ein guter Anfang.«

Mantels griff die Zeitung wieder auf. »Wenn ich fragte, ob ihr das gelesen habt, dann meinte ich nicht den Leitartikel über das Konzert.«

Er schlug die Kulturseite auf, die sich wie immer ganz am Schluss zwischen den Todesanzeigen und dem Vermischten verbarg. »Hier, eine bemerkenswerte Kurzgeschichte von unserem Freund Clas. Mir scheint, der Junge rappelt sich so langsam. Ich meine als Literat. Ein, wie mir scheint, sehr persönliches Bekenntnis. - Julius, lies mal vor.«

*

Eigentlich war die Böenwalze vorauszusehen.

Ich hatte den Hafen überstürzt verlassen, obwohl alle Anzeichen einer nahenden Gewitterfront bereits in der Luft lagen. Die düsteren Wolken standen in Lee, und der vor mir liegende Himmel versprach einen freundlichen Segelwind. Hätte ich auf das Barometer geachtet, wäre mir aufgefallen, dass der Luftdruck in kürzester Zeit stark abfiel.

Aber ich war so in meine Gedanken vertieft und innerlich dermaßen aufgewühlt, dass ich alle Merkmale einer guten Seemannschaft über Bord warf und mir über die Folgen meines Tuns nicht im Klaren wurde.

Vielleicht wollte ich es instinktiv auch nicht. Vielleicht wollte ich mir beweisen, dass ich es auch ohne fremde Hilfe schaffen würde, diese Krise zu überwinden.

Der Wind peitschte mir ins Gesicht. Immer wieder jagte die weiße Gischt über den Bug und überschüttete mich mit kühlem Meereswasser.

Ich liebe diesen leicht salzigen Geschmack auf den Lippen. Er tut gut.

Er befreit.

… der Fußabtreter vor der Tür mit der Inschrift „Bitte Schuhe ausziehen" und die Geranien auf dem Fensterbrett …

Die Segel waren voll gesetzt, und ich steuerte einen strammen Amwindkurs im schrägen Winkel zu den Wellen, die Schoten und das Unterliek hart durchgesetzt. Die Windfäden in den Segeln zeigten an, dass der Trimm perfekt war.

Ich saß auf der hohen Kante und versuchte, die Schräglage so gut es ging zu mindern. Die Segeljacht entwickelte ihre Höchstgeschwindigkeit.

Verdammt, ausgerechnet heute verabschiedete sich der Kompass. Schon neulich war mir aufgefallen, dass er gelegentlich verrücktspielte. Ich wollte es richten lassen, war aber aufgrund der Aufregungen zu Haus drüber weggekommen.

Ich versuchte, den Kurs zu halten. Land war nicht in Sicht.

… das dunkelblaue, perlenbestickte Halsband, das jetzt lieblos in der Ecke liegt …

Langsam entwickelte sich eine langwellige Dünung. Sie war mit weißen Schaumkämmen überzogen. Der Wind frischte spürbar auf und drehte rück. Ich musste die Schoten ein wenig fieren, um Druck aus den Segeln zu nehmen. Mit dem guten Trimm war es nun vorbei. Ich luvte vorsichtig an.

Jetzt erst bemerkte ich die Böenwalze. Wie ein riesiges, zusammengerolltes schwarzes Handtuch hing sie drohend überm Horizont. Ich segelte genau auf sie zu.

Mir wurde sofort klar, dass ich unverzüglich reffen musste. Ich ging in den Wind und verkleinerte mithilfe der Reffleinen die Fläche des Großsegels um die Hälfte. Das ging reibungslos.

… das leere Gästebuch mit dem goldbeschlagenen Einband …

Doch zum Setzen eines Sturmreffs war es zu spät. Bei der heftigen Dünung wagte ich es nicht, aufs Vordeck zu steigen.

Eine kräftige Windbö packte das Boot und ließ es wie ein Spielzeug aus dem Kurs schießen. Das Vorsegel zerriss mit einem peitschenden Knall und flatterte wild um das Vorstag. Auch das Großsegel schlug fürchterlich. Mir tat es um das Gewebe und die Nähte leid.

… an der weißen Wand die roten Flecken, die nur sie sieht …

Aber das war jetzt zweitrangig. Meine Aufmerksamkeit galt mehr dem Seegang als dem Wind. Um ein Querschlagen der Jacht zu verhindern, musste ich meinen Kurs aufgeben und mich den Kräften der Natur unterordnen.

Der nächste Hafen schien in unerreichbarer Ferne zu sein.

Überhaupt, welches Ziel hatte ich eigentlich?

… fremde Stimmen, die nur sie hört …

Plötzlich wurde ich von einem sintflutartigen Regenguss überschüttet. Der Himmel stürzte wortwörtlich ins Meer.

Ich konnte nichts mehr sehen und steuerte das Ruder nur noch nach Gefühl. Die Kompassnadel spielte verrückt. Ich verlor jegliche Orientierung.

Ich musste mich mehr oder weniger treiben lassen. Grundberührung konnte ich ausschließen. Dazu war ich schon viel zu weit hinausgesegelt.

Es schien Stunden zu dauern, bis sich der Was-
servorhang vor meinen Augen lichtete. Der Wind
schlug plötzlich um. Im letzten Moment konnte ich
eine Patenthalse verhindern. Ein Mastbruch wäre
unter diesen Bedingungen eine Katastrophe gewesen.

… ihre stummen Worte und blinden Blicke …

Ich hatte Hunger und Durst, doch es war unmög-
lich, unter Deck zu gehen. Ich spürte, wie meine Kräf-
te langsam nachließen. Ich fing an, laut gegen den
Wind anzusingen, um meine Müdigkeit zu vertreiben.
Irgendwann gingen mir die Lieder aus. Der Wind
ließ zwar etwas nach, aber er wurde immer unbere-
chenbarer, als wollte er mir zeigen, wer hier auf See
der Herr im Haus ist.
Langsam verfiel ich in eine gefährliche Lethargie.
Ich fror am ganzen Körper. Meine Gedanken schie-
nen abzusterben.
Den grauen Umriss der Insel erkannte ich zu
spät. Mit einem durch Mark und Knochen gehenden
Knirschen stoppte der Kiel auf. Ich ließ vor Schreck
die Pinne los und stürzte der Länge nach auf die
Planken.
Hier ist Land? Da muss ich ja ziemlich weit abge-
trieben worden sein.

… bis dass der Tod Euch scheidet …

Ich holte eine lange Festmacherleine aus der
Backskiste und befestigte sie an der Bugklampe. Mit
dem anderen Ende in der Hand sprang ich über Bord
und schwamm das kurze Stück zum Ufer hinüber.

Dort sicherte ich die Leine an einem kräftigen Baumstamm.

Übermüdet legte ich mich gleich daneben ins Gras und fiel in einen bleiernen Schlaf.

Als ich aufwachte, lag ich auf einem Sofa in einem nicht sehr geräumigen Zimmer, das wie der Arbeitsraum eines Naturwissenschaftlers eingerichtet war. An der Wand hing die Landkarte einer mir unbekannten Küste. Auf einem Schrank stand ein Erdglobus, der mehrere Jahrhunderte alt zu sein schien. Überall lagen Bücher und Hefte herum. Der Boden war mit Seekarten und alten Stichen bedeckt.

Auf einem Schreibtisch war ein riesiger, unhandlicher Pergamentbogen ausgebreitet, vor dem ein Mann stand und mit einem Zirkel hantierte. Für einen Wissenschaftler kam er mir ziemlich jung vor, gleichwohl strahlte sein Gesicht Erfahrung und Abgeklärtheit aus. Er war mit einem robenartigen Hausmantel bekleidet, der ihm den Nimbus eines Auserwählten verlieh.

Er schaute nachdenklich zum Fenster hinaus, und das Tageslicht fiel auf sein Gesicht, als wollte es seine Gedanken erleuchten.

Ohne sich mir zuzuwenden fragte er: »Haben Sie sich erholt? Wenn Sie etwas wünschen, lassen Sie es mich wissen. Ich stehe zu Ihren Diensten.«

»Wo bin ich?« Ich war noch etwas benommen und vergaß, ihm zu danken.

»Zunächst einmal sind Sie in Sicherheit. Ihr Boot auch. Wir haben es in unseren Hafen verholt und das Vorsegel notdürftig ausgebessert. Der Kiel wurde

durch die Grundberührung nicht beschädigt. Sie können beruhigt sein.«.

»Wer ist wir? Und wer sind Sie?«

Jetzt erst schaute er mir direkt ins Gesicht. »Ich bin Geograf. Meine Mitarbeiter werden Sie nicht kennenlernen, da sie wichtigere Dinge zu tun haben. Sie sind Gast auf meiner Insel.«

»Also doch eine Insel, wie ich vermutete. Der Sturm muss mich weit abgetrieben haben. Dennoch, eigentlich habe ich die Seekarte ganz gut im Kopf. Demnach darf es hier weit und breit kein Land geben. Oder sollte ich mich so getäuscht haben?«

»Nein, nicht unbedingt. Es gibt viele Menschen, die meine Insel nicht kennen. Sie ist auf den herkömmlichen Karten nicht verzeichnet.«

»Das verstehe ich nicht. Sie sind doch Geograf und, wie ich sehe, wohl auch Kartograf. Als Wissenschaftler ist es doch Ihre Pflicht, Seekarten auf den neusten Stand zu bringen.«

Obwohl das ein ziemlich arroganter Vorwurf war, lächelte mein Gastgeber.

»Oh, ich fürchte, Sie verkennen mich. Ich bin kein Geograf, der den Seeleuten helfen will, den richtigen Kurs zu finden. Das können andere besser.«

Er deutete mit seinem Zirkel auf die Karte, die auf dem Tisch lag.

»Ich erstelle einen Atlas der magischen Orte.«

Er sagte das, als sei es das Selbstverständlichste der Welt. Nur leider konnte ich mir nicht vorstellen, was er damit meinte. »Magische Orte? Was sind magische Orte?«

Er legte den Zirkel zur Seite und rollte den Pergamentbogen sorgfältig zusammen. Dann setzte er sich mir gegenüber auf einen Stuhl.

»Das sind Orte, an denen etwas Ungewöhnliches passiert, etwas, das Menschen, die nur das sehen, was sie sehen wollen, nicht verstehen können. Orte, an denen Kräfte wirken, die die Schulphysik nicht erklärt. Orte, in denen beispielsweise Materie verschwindet, ohne eine Vergangenheit zu hinterlassen. Oder Orte, in denen die Einheit von Raum und Zeit versagt und die uns unendlich viele Parallelwelten präsentieren.«

Er legte eine kleine Pause ein, um sich zu überzeugen, dass ich ihm folgen konnte.

Na ja, ein wenig wusste ich darüber Bescheid. Ich verstand einigermaßen, was er meinte.

Aber es war lange noch nicht alles.

»Viele Menschen vergessen, dass auch die Musik, ein Buch, ein Gedicht oder ein Gemälde ein magischer Ort sein kann. Ein Spiegel, in dem man sich selbst wiederfindet, obwohl er das Produkt eines Fremden ist. Orte, an denen man in die Zukunft sehen kann, Orte, die so verletzbar sind, wie die Menschen, die sich ihnen anvertrauen. Oft verschwinden diese Orte im Nebel des Vergessens, werden totgeschwiegen oder gar von einem übereifrigen Beckmesser gemordet. Deswegen sind sie so schwer zu kartografieren.«

Er wurde mir unheimlich, doch ich wagte nicht zu widersprechen.

Er schien das zu bemerken. »Ich sehe, so langsam schwindet Ihre Verständnisbereitschaft. Aber ich bin noch lange nicht am Ende.«

Er stand auf, ging zum Fenster und schaute ziellos ins Weite, während er fortfuhr.

»Auch diese Insel ist ein magischer Ort. Sie ist ein Ort, an dem wir Wissenschaftler Gedanken lesen können.«

Ich sprang vom Sofa auf. Mir wurde schwindelig. Ich musste mich auf die Kante setzen.

»Dann können Sie also auch meine Gedanken lesen?«

Er antwortete nicht. Ich versuchte, an nichts zu denken, aber je mehr ich mich bemühte, desto schlimmer wurde es. Ohne es zu wollen, erzählten meine Gedanken ihm alles, was ich die letzten Tage erlebt hatte.

»Aber, das ist ja fürchterlich. Sie haben kein Recht, sich in meine Gedanken einzuschleichen«, versuchte ich, mich aus seiner Macht zu befreien.

»Das hat mit Recht nichts zu tun. Es ist ein Naturgesetz. Das Naturgesetz auf dieser Insel. Und eins sollten Sie noch wissen: Es gibt magische Orte, die ein Mensch nur zweimal in seinem Leben erreicht. Meine Insel gehört dazu. Beim zweiten Mal gibt es keine Rückkehr, denn dann wird er in den Kreis meiner Mitarbeiter aufgenommen.«

Er drehte sich zu mir hin. Das Licht fiel schräg auf sein Gesicht und betonte seine hohe Stirn.

»Sie müssen sich nicht beunruhigen. Ich kann zwar Ihre Gedanken lesen, aber es ist nicht meine Aufgabe, sie zu deuten, geschweige denn, zu beurteilen oder zu richten. Die Last Ihrer Gedanken müssen Sie selbst tragen.«

»Dann werden Sie ja wohl wissen, was ich im Moment am sehnlichsten wünsche?«

»Ja. Es steht Ihnen frei, die Insel jederzeit zu verlassen. Ihr Boot ist hergerichtet und mit genügend Proviant versorgt, damit Sie sicher zu Ihrem Hafen zurückkehren können. Der Kompass ist repariert und Ihr Kurs markiert. Aber vergessen Sie nicht: Beim zweiten Mal gibt es keine Rückkehr.«

Die Markierung auf dem Kompass war so, dass ich einen ruhigen achterlichen Wind ausnutzen konnte. Dadurch entfaltete das Boot zwar nicht seine Höchstgeschwindigkeit, aber ich hatte dadurch genug Zeit, um in Ruhe über die vergangenen Ereignisse nachzudenken.

Der starke Wellengang vom Vortag hatte sich gelegt. Das Boot schmiegte sich sanft der Wasserbewegung an. Die Pinne lag gut in der Hand und die bauchig geführten weißen Segel hoben sich vom blauen Himmel ab, als wären sie die Schwingen eines riesigen Albatros.

Das Segeln zeigte sich von seiner ästhetisch schönsten Seite. Es war der Klang einer majestätischen Natursinfonie.

Ich brauchte den ganzen Tag, bis ich am Horizont einen hauchfeinen Landstrich erkannte. Noch war ich zu weit weg, um beurteilen zu können, ob mich der Kurs in den Heimathafen führen würde. Ringsum war nirgends ein anderes Segelboot auszumachen.

Ich war allein mit mir und meiner Gedankenwelt.

Auf der Luvseite setzte ein prachtvoller Sonnenuntergang ein. Für mich gehört es zu den spannendsten Schauspielen, den sich immer stärker rot verfärbenden Sonnenball zu beobachten, wie er unmerklich

177

aber unerbittlich hinterm Horizont versinkt und dabei auf dem Wasser eine Lichtreflexion hinterlässt, die wie ein silbernes Schwert aussieht, das immer kleiner wird, bis auch dieses sich in einen imaginären Punkt auflöst.

Dann wurde es schlagartig kälter. Ich fror, aber das war die Strafe für mein überstürztes Handeln.

Der Landstrich voraus entwickelte sich zu einem langen schwarzen Balken und bot immer noch keinen Anhaltspunkt zur Orientierung.

Eine Möwe kreuzte meinen Kurs und flog in weitem Bogen dorthin, woher ich kam. Ob sie sich auf der magischen Insel zur Ruhe niederlässt?

Ich winkte ihr nach, als wäre sie mein Freund. Ein alter Bekannter, der mir zurief: Es ist der Moment sich einzugestehen, dass man die Zeit nicht zurückdrehen kann, dass man Entscheidungen trifft, die nicht mehr rückgängig zu machen sind.

Es wurde immer dunkler. Der Küstenstreifen vor mir breitete sich aus, und bald konnte ich die Lichter der Häuser und der Gaslaternen an den Straßen erkennen.

Jetzt wusste ich: Ich war auf dem richtigen Kurs.

… Ob sie den Abschiedsbrief schon gelesen hat?

*

Im Glassaal des *Tivoli* hatten die Musiker ihre Instrumente bereits eingepackt, und Witwe Hörner begann die Gartenstühle hochzustellen. Gottlieb Hümöller, Andreas Görtz und Peter Kollmann machten sich als ihre letzten Gäste auf den Heimweg.

»Lasst uns auf ein Bier in die Zollstube beim Mühlentor einkehren«, schlug Kollmann vor, dem nach der aufregenden Politisiererei noch nicht nach Schlaf zumute war.

Sie bogen in den Langen Lohberg ein und folgten der Gasse bis zur Mühlenstraße. Die Gaslaternen hinterließen hier nur spärliche Lichtinseln auf dem holprigen Kopfsteinpflaster, sodass die Nachtbummler aufpassen müssten, um nicht in den Rinnstein zu stolpern. In diesem Viertel der einfachen Handwerker und Bediensteten mit ihren niedrigen Häusern sparte die Stadtverwaltung.

Görtz brachte als Erster das Gespräch auf den heutigen Abend. »Der Havermann hat Ihnen ganz schön zugesetzt. Ist das bei euch Weinhändlern so üblich? Wenn mich ein anderer Bäckermeister so anpöbelte, würde er in hohem Bogen aus der Zunft herausfliegen.«

Kollmann spuckte verärgert auf den Boden. »Als Senator kann sich so ein Kerl alles erlauben. Das Problem ist, dass er außerdem ein erfolgreicher Weinhändler ist, während ich ums Überleben kämpfen muss.«

»Vielleicht sollten Sie sich mal ein anderes Geschäftsmodell aneignen«, wandte Hümöller ein. »Wir Goldschmiede müssen uns jeden Tag aufs Neue den Bedürfnissen der Kunden anpassen, und jeder muss dabei seinen eigenen, unverwechselbaren Weg gehen. Die Zeit der hanseatischen Zunftgesetze hat sich spätestens seit der Franzosenbesatzung überlebt.«

»Verdammte Finsternis!« Görtz stieß gegen eine Abfalltonne, die unzureichend beleuchtet im Wege stand. Eine schwarze Katze sprang aufgeschreckt über die Gasse. »Jetzt reden Sie schon fast wie die Utopisten, die am liebsten alles niederreißen wollen, was ihrer fragwürdigen Zukunft im Wege steht.«

»Wir leben nun einmal in einer Zeit des Umbruchs«, verteidigte sich der Goldschmidt. »Da kann man nicht einfach den Kopf in den Sand stecken und hoffen, dass alles wie beim Alten bleibt. Man muss mit der Zeit gehen, aber ohne die Vergangenheit zu verteufeln.

»Im Moment verteufle ich, ehrlich gesagt, nur den Havermann«, erwiderte Kollmann. »Aber ich kann ihm ja nicht einfach den Hals umdrehen.«

»Das nicht, aber man könnte ihn doch mit etwas, wie soll ich sagen, mit dosiertem Nachdruck in die Schranken weisen«, fand der Bäckermeister. »Man muss ihm ja nicht gleich eins über die Rübe geben. Aber das eine oder andere Weinregal zurechtzurücken, könnte nicht schaden. Vielleicht hilft ihm das, seine Überheblichkeit abzubauen.«

»Das klingt vernünftig«, antwortete Kollmann. »Ich hätte da so ein paar Ideen. Und ich hätte auch ein paar Männer, um sie in die Tat umzusetzen.«

*

Senator Havermann führte seine Gäste in den Salon. Das diffuse Licht des späten Nachmittags erzeugte in dem Raum mit den hohen, von dunkelbraunen Tapetenbahnen bedeckten Wänden und den langen schweren Fenstervorhängen eine geheimnisvolle Atmosphäre. Er hatte zusätzlich ein paar Kerzen und Gasleuchten anzünden lassen, deren Licht eigenartige

Schlagschatten auf die vielen Büsten und Reliefs warf, die an den Wänden hingen.

Der Tisch war reichlich gedeckt. Havermann ließ es sich etwas kosten, wenn es darum ging, seine politischen Ziele durchzusetzen. Natürlich hatte er mitbekommen, dass sich die Stimmung in der Stadt immer mehr zugunsten des Holstentors drehte, auch wenn er bei dem Treffen mit seinen Gegnern neulich im *Tivoli* das Gegenteil behauptet hatte.

Heute galt es, sich einiger einflussreicher Mitglieder der Bürgerschaft zu versichern. Auf jede einzelne Stimme kam es dort an. Während der Senat mit deutlicher Mehrheit für den Erhalt des Holstentors plädierte, schmolz in der Bürgerschaft die Bereitschaft, es abzureißen zu lassen.

Vorspeise: Muschelragout und Julienne-Suppe, dazu leichten Rheinwein.

Zimmermeister Andreas Torkuhl stocherte etwas verlegen in seinem Teller herum. Muschelragout war nicht unbedingt nach seinem Geschmack, doch er ließ es sich nicht anmerken. »Eine ausgezeichnete Küche haben Sie, verehrter Senator.«

»Und der Rheinwein ist unübertrefflich«, urteilte Hinrich Kroner, obwohl ihm als Müller der Brömsenmühle ein Bier nach Pilsener Art lieber gewesen wäre.

»Es freut mich, dass Ihnen meine Küche gefällt, meine Herren«, erwiderte Havermann. »Heutzutage ist es nicht leicht, weltoffen und zugleich heimatverbunden zu leben. Es muss ja nicht immer *Lübecker National* sein, der deftige Gemüseeintopf mit Spargel, Möhren und Rindfleisch. Wir müssen lernen, über den Tellerrand hinauszuschauen.«

Der Gewürzhändler Jakob Großjan merkte als erster, dass Havermann den eigentlichen Grund der heutigen Einladung ansprechen wollte. »Ja, aber leider ist der Rand noch viel zu hoch. Die alten Stadtmauern und die Wälle sollte man alle abschleifen. Nur dann kann frischer Wind durch unsere Straßen wehen.«

Zweiter Gang: gebackene Seezungen, dazu milden Moselwein.

»Die Torsperre ist das Schlimmste«, murrte Torkuhl mit vollem Mund. »Wenn man abends im *Weißen Schwan* vorm Mühlentor zu lange gezecht hat, kommt man nicht mehr nach Haus ohne eine deftige Sperrgeldtaxe zu zahlen.«

»Ach was, Torsperre«, ereiferte sich Ferdinand Stoofs. »Die Tore müssen verschwinden, dann erledigt sich die Torsperre von allein. Und dann würden auch mehr Leute von außerhalb kommen, um bei mir einzukaufen.«

Havermann fand Stoofs Argumentation zu flach, auch wenn er im Kern mit ihr übereinstimmte. »Es geht hier weder um alte Stadtmauern noch um die Torsperre. Wir müssen uns Gedanken um Lübecks Zukunft machen. Ich gebe Herrn Großjan insofern recht, als dass wir uns dem Neuen gegenüber öffnen müssen, und zwar so radikal wie möglich. Jahrhundertelang hat die Stadt vom Handel gelebt, also von Dienstleistungen. Heute befinden wir uns aber in einer Phase des Umbruchs. Die moderne Industrieproduktion ist es, die die Wirtschaft ankurbelt. Manufakturen und Industrieansiedlungen brauchen wir. Daniel Hinrich Carstens hat es uns mit seiner *Fabrik von haltbaren Speisen* vorgemacht. Die alten Mauern und

Tore sind lästig, zugegeben, aber nicht das Entscheidende. Für mich sind sie allemal Symbol einer überholten Ökonomie.«

Havermann machte eine kleine Pause und schaute in die Runde. Er merkte, dass man ihm ehrfürchtig zuhörte. Zufrieden setzte er seine Rede fort. »Der Seehandel über die Ostsee hat sich als Sackgasse entwickelt. Nicht, dass ich unseren Hafen zuschütten will, aber Segelschiffe haben keine Zukunft mehr. Was wir brauchen sind Dampflokomotiven und Dampfschiffe. Und die benötigen nun mal eine gewisse Bewegungsfreiheit. Wir können froh sein, dass wir wenigstens schon mal eine Eisenbahnverbindung über Büchen ins Hinterland und nach Berlin haben. Aber das ist erst der Anfang. Unsere Zukunft liegt im Ausbau der Straßen- und Schienenwege nach Hamburg. Die Achse Lübeck – Hamburg muss unsere Lebensader werden.«

Dritter Gang: Kalbsbraten mit Rahmkartoffeln und Blumenkohl, dazu kräftigen Rotspon.

Nun fand es Stoofs an der Zeit, seine Meinung kundzutun und den Senator Havermann in seinem Höhenflug zu bremsen. »Was nutzen uns der Abriss der Wehranlagen und die Aufhebung der Torsperre, wenn vor unserer Haustür der holsteinisch-dänische Esel hockt und sich weigert, den Weg freizugeben. Kopenhagen hat kein Interesse an einer Achse Lübeck – Hamburg, denn die würde ihm das Geschäft mit dem Zoll durch den Sund-Schifffahrtsweg versalzen. Schaut euch doch die sogenannte Chaussee an, die heute Lübeck mit Hamburg verbindet! Diese Schlaglochwüste kann man doch keinem Handelsreisenden, geschweige denn seinen mit Waren beladenen Fuhrwerken zumuten.«

Havermann lehnte sich selbstzufrieden zurück und lächelte vielsagend. »Aber lieber Herr Stoofs, Sie sollten die Zukunft nicht so schwarzmalen. Schließlich sind wir als Freie Hansestadt immer noch Teil des Deutschen Reichs. Die Dänen kochen auch nur mit heißem Wasser.«

Er beugte sich vor und flüsterte in die Runde: »Ich habe gute Kontakte nach Berlin. In Preußen tut sich was, um Dänemark in die Schranken zu weisen. Wer weiß, vielleicht tritt der holsteinisch-dänische Esel ja bald von der politischen Weltbühne ab.«

Mit einem vielsagenden Augenzwinkern fügte er hinzu: »Mehr kann ich Ihnen nicht verraten. Diskretion ist das A und O der Politik, wie Sie wissen werden.«

Dessert: Maraschino-Pudding, dazu dickflüssigen Muskateller.

»Das kann doch nur auf einen Krieg zwischen Preußen und Dänemark hinauslaufen«, ereiferte sich Torkuhl. »Und wo soll Lübeck da stehen?«

Goldschmidt Hümöller bekam Angst um seine wertvolle Uhrensammlung. »Nicht schon wieder Krieg. Die napoleonische Besatzung hat uns genug wirtschaftlichen Schaden hinterlassen. Mir erscheint es nicht ratsam, ein in Kriegszeiten als Festungswerk zu benutzendes Gebäude unmittelbar vor der Brücke und dem Eingang zur Stadt beizubehalten. Das könnte den Feind nur provozieren. Wir müssen zeigen, dass wir eine friedfertige Stadt sind.«

Sein Nachbar Kollmann stieß ihn in die Seite und polterte: »Dann können wir das Burgtor ja gleich mitabreißen.« Ob er das ernst meinte, oder ob er sich über den Goldschmied lustig machen wollte, war nicht zu erkennen.

Zum Abschluss: Pumpernickel mit Roquefort, dazu hochprozentigen Obstler.

Dann hob Havermann die Tafel auf. »Zeit für eine gute Zigarre, meine Herren. Wenn ich Sie in den Rauchersalon bitten dürfte.«

Während sich die anderen Gäste ins Nebenzimmer begaben, wandte sich Havermann an Großjan und nahm ihn zur Seite. »Von Ihrem Sohn liest man endlich Erfreuliches in der Zeitung. Seine früheren Karikaturen gegen unsere politischen Ziele waren recht ungelenk, sozusagen pubertäre Protestaktionen. Doch die Kurzgeschichte, die in der gestrigen Ausgabe stand, zeigt, dass mehr ihn ihm steckt. Ich nehme an, das ist Ihrem väterlichen Einfluss zu verdanken, mein lieber Großjan.«

»Leider nein, Herr Senator. Sie sprechen da einen wunden Punkt in unserem Familienleben an. Nicht nur politisch, auch privat gehen wir seit einiger Zeit unsere eigenen Wege. Clas war schon immer ein Dickkopf. Statt in die Fußstapfen seines Vaters zu treten, treibt er sich mit einer Straßenmusikerin herum, ausgerechnet mit der zweifelhaften Dame, die seinerzeit vor dem Holstentor öffentlich für dessen Erhalt gespielt hat.«

»Die mit der blauen Geige?«

»Ja, genau die. Sie hausen in einer erbärmlichen Wohnung unterhalb des Burgtors.«

»Aber man hört doch nur Gutes von ihr. Sie hat Erfolg. In der Zeitung stand, dass sie in Berlin sogar vorm Prinzen gespielt hat?«

»Eine undurchsichtige Person, ich meine die Frau, nicht den Prinzen. Auf der Straße läuft sie herum, als sei sie ein anderer Mensch. Ich möchte mal wissen, warum sie ausgerechnet meinem Clas den Kopf verdreht hat. Aber das spielt jetzt keine Rolle mehr. Die beiden können mir gestohlen bleiben.«

»Das, mein lieber Großjan wäre ein großer Fehler. Sie sollten versuchen, sich mit Ihrem Sohn zu arrangieren. Sie wissen doch, wir Lübecker müssen langsam lernen, großräumig zu denken. Freuen Sie sich, dass Clas mittels seiner Geliebten Kontakte zum preußischen Hof hat. Das sollten wir ausnutzen. Über kurz oder lang wird über das Schicksal unserer Stadt weder bei mir im Senat noch bei Ihnen in der Bürgerschaft entschieden, sondern in Berlin. Und, ich bin mir sicher, eines Tages werden die Preußen über ganz Deutschland regieren.«

Im Raucherzimmer rückten Kroner und Torkuhl enger zusammen. Das fulminante Essen und der Alkohol lösten Zunge und Geist. Mit jedem Zug aus den handgedrehten Zigarren wurden die beiden Mitglieder der Bürgerschaft mutiger. Die Flasche mit dem Obstler hatten sie vorsorglich mitgenommen.

»Das abgehobene Gerede Havermanns über die hohe Politik ist nicht meine Welt«, gestand Torkuhl nach dem dritten Glas. »Wir können nicht darauf warten, dass Preußen Dänemark den Krieg erklärt. Die Dänen sind mir zu nah und die Preußen zu weit weg. Als alter Hanseat wäre es mir lieber, das Problem mit Bordmitteln zu lösen. Wenn ich nur wüsste, wie.«

Kroner genehmigte sich ein viertes Glas Obstler. Langsam begann sein Gehirn Fahrt aufzunehmen. »Das ist doch ganz einfach. Ich hab´s schon damals gesagt: Man sollte am Holstentor ein wenig zündeln, und schon wär das Problem aus der Welt geschafft.«

»Und wie willst du das anstellen, ohne dass der Schuss nach hinten losgeht?«

»Das lass getrost meine Sache sein.«

*

Die Schlägertruppe drang durch den rückwärtigen Garten des Senators Havermann ein, den man über die Hinterhöfe vom Heiligen-Geist-Hospital aus erreichen konnte. Der Himmel war nebelig trüb, und ringsum in den Häusern herrschte bereits die wohlverdiente Schlafenszeit.

Bei Nacht wirkten die altehrwürdigen hanseatischen Fassaden von der Rückseite aus gesehen recht gespenstisch. Während die Patrizierhäuser auf der Straßenseite dank der prachtvollen Eingangsportale, der säulenumrahmten Fensterfluchten und der hochgezogenen Dachgiebel imposant aussahen, zeigten sie an ihrer Kehrseite eher die Nüchternheit eines jeden Pfennig zählenden Handelsbürgertums. Die Dachgiebel entpuppten sich als pure Scheinkulisse, hinter der sich allenfalls ein schäbiger, verwinkelter Dachstuhl versteckte. Die kleinen Fenster der oberen Stockwerke schauten wie winzige Fliegenaugen auf den dunklen Hof hinaus. Von Säulenromantik und Barockprunk war hier nichts zu spüren.

Dafür war alles aufs Praktische ausgerichtet, denn in der begrenzten Siedlungsfläche Lübecks gab es keine Expansionsmöglichkeiten. So wuchsen denn allerorts Querflügel und an die Begrenzungsmauern angeklebte Hütten wie Kraken in die Gärten hinein, die man als solche eigentlich nicht mehr bezeichnen konnte.

In dem vornehmen Haus des wohlhabenden Weinhändlers Havermann war die Situation noch nicht ganz so beklemmend wie auf den Grundstücken, die weiter hinunter zur Wakenitz lagen. Dennoch hatte der nächtliche Besuch einige Mühe, sich zurechtzufinden, zumal die Ortsbeschreibung seines Auftraggebers mehr als dürftig war.

Egal, man brach auf, was einem gerade vor die Nase kam. Im Haus regte sich nichts, kein Lichtstrahl drang nach außen, also war man sich sicher, ungestört hantieren zu können. Die Männer verdeckten die Ölfunzeln mit ihren Umhängen, sodass jene gerade nur so viel Licht warfen, wie nötig war, um den Weg zu finden. Doch sehr rasch merkten sie, dass das überflüssig war, denn das Haus stand ihnen einsam und verlassen zur Verfügung.

Zuerst musste ein Schuppen dran glauben, in dem nur Stroh und die ausgedienten Dauben der Weinfässer lagerten. Einer der Burschen hielt die Flamme seiner Funzel bedenklich nahe an das Stroh und meinte, breit über sein einfältiges, unrasiertes Gesicht grinsend: »Würde ein schönes Feuerwerk geben, wenn wir hier mal den Teufel zum Tanze bitten.«

»Maul halten, du Hundsfott«, blaffte ihn der Anführer an. »Wir sind hier nicht zum Spaß. Wir haben einen klaren Auftrag. Nachher kannst du tanzen, wie du willst. Aber erst die Arbeit, dann das Vergnügen. Vorwärts also!«

Irgendeiner hatte inzwischen die Eingangstür zur Küche aufgebrochen. Auf dem Tisch lagen die Reste vom Abendmenü. »Endlich mal was Vernünftiges«, dachte sich der Einbrecher und wollte zulangen. Aber auch er wurde vom Anführer zurückgepfiffen. »Vollfressen und saufen kannst du nachher. Erst müssen wir den Weinvorrat finden.«

Immer näher stieß die Bande in das Herz des Hauses vor. Sie überquerte den kleinen Ziergarten, ohne darauf zu achten, dass sie die schönen Heilkräuter und Zierblumen zertrampelte, die jetzt in der Nacht ein unbedeutendes Schattenleben fristeten.

Rechter Hand lag das Landschaftszimmer. Der Name kam weniger daher, dass man von hier einen Ausblick in den Garten hatte. Vielmehr leitete sich das Wort von den bemalten oder mit Tapeten bespannten Wänden ab, die mit Allegorien versetzte, luftige Landschaften zeigten. Doch dafür hatten die Kerle kein Auge. Irgendeiner entdeckte auf einer dieser Wandtapeten das Abbild einer Göttin mit nacktem Busen und schmierte lüstern mit seinen Pfoten darüber.

»Du Hundsfott«, schnauzte ihn der Anführer an. »Flossen weg von der Kultur, davon verstehst du nichts. Such lieber den Wein, davon verstehst du mehr.«

Endlich war der Trupp in der geräumigen Diele angekommen. Im Haus rührte sich nach wie vor nichts. Es schien wie ausgestorben. Eine doppelarmige Treppe führte zur umlaufenden Galerie des ersten Stocks und setzte sich nochmals doppelarmig fort hin zu einer zweiten Galerie im Obergeschoss. Bei feierlichen Anlässen rollten die Kutschen der Gäste direkt bis vor diese Treppe, deren Aufgang von zwei Windlichter tragenden Mohren bewacht wurde.

Oben in den Galerien hingen wertvolle Gemälde. Einer der Haudegen dachte sofort ans Plündern und stürmte die Treppe hinauf.

»Runter da, du Idiot«, brüllte ihm der Anführer zu. »Wein lagert man nicht unterm Dach. Nicht nach oben, unten müssen wir suchen.« Die Aussicht auf Wein erwies sich bei dem Söldner stärker als die Erbeutung der Bilder. Also stolperte er lautstark wieder die Treppe hinunter.

Er konnte nicht ahnen, dass er damit den Hausmeister Hans aus seiner Tiefschlafphase riss. Der drehte sich rülpsend auf die andere Seite und versuchte, den Rest seines Vollrausches auszukurieren.

Einer der etwas schlaueren Einbrecher entdeckte schräg unter der Treppe eine Tür, die offenbar in den Keller führte. Jetzt ging es erst richtig los. Ohne darauf zu achten, dass die Fackeln die Wände verrußten, eilte die Schar hinunter in die Vorratsräume.

Sie wurde nicht enttäuscht. Fein säuberlich gestapelt lag hier Fass an Fass. Die merkwürdigen Beschriftungen, die mit Kreide an den Deckeln angebracht waren, verstand keiner der Eindringlinge. Hauptsache, es handelte sich um Wein. Irgendeiner meinte: »Bevor wir hier ein Feuerwerk zünden können, müssen wir die Fässer ja wohl erst trocken legen. Wein brennt bekanntlich nicht.« Ein polterndes, zustimmendes Lachen hallte von den Kellerwänden wider. Und ehe der Anführer einschreiten konnte, lag seine Mannschaft rücklings unter den Fässern, denen sie vorher die Hähne aufgedreht hatten.

Das kostbare Nass floss ohne Umwege direkt in die Kehle der rauen Männer. Es schien, als sei ihr eigener Körper ein Fass ohne Boden, soviel Wein verschlangen sie in gierigen Zügen. Dass die Hälfte daneben lief, ihre Gesichter und Kleidung wie mit rotem Blut verschmierte und den mit Stroh ausgelegten Steinboden in eine üble Pfütze verwandelte, störte sie nicht im Geringsten. Der Wein war immerhin gut, – besser, als in den billigen Kneipen rund um die Wallanlagen.

Irgendwann spürte einer der Säufer das Bedürfnis nach innerer Erleichterung, und da er kultiviert genug war, um nicht in der Ecke seinen Urin mit dem teuren Rotwein zu vermischen, torkelte er wieder hoch ins Erdgeschoss, damit er sich im Garten entleeren konnte. Doch unterwegs fiel ihm ein, dass er in der Küche erhebliche Reste von Maraschino-Pudding gesehen hatte. Der Gedanke stoppte seinen Harntrieb vorerst, und so drang er erneut in die Küche ein. Vom Wein schon recht benebelt, rempelte er den gesamten Küchentisch samt Geschirr und Pudding um.

Mit dem Krach bereitete er aber auch dem Schlaf des Hausmeisters ein endgültiges Ende. Als pensionierter Soldat hatte dieser einen siebten Sinn für nächtliche Überfälle. Schlagartig wurde er nüchtern und hellwach. Die verdächtigen Geräusche aus den unteren Stockwerken ließen keinen Zweifel. Er kannte das nur zu gut: Das konnten nur Plünderer sein!

Hans raffte sich auf, zog sich seine Dienstjacke einfach über die Unterwäsche, schnappte sich sein Gewehr, prüfte die Ladung und schlich vorsichtig die Treppe hinunter.

In der Küche ging alles plötzlich ganz schnell. Der überraschte, angetrunkene Einbrecher versuchte, in den Garten zu fliehen, aber ein Schuss in den Oberschenkel streckte ihn hin.

Unten im Keller hatte man den Knall natürlich trotz aller Sauferei gehört und sofort als Bedrohung erkannt. Der Anführer wollte im letzten Moment noch das Stroh und die leeren Holzfässer in Brand stecken, aber seine Kumpane überwältigten ihn. »Mach jetzt bloß kein Scheiß! Damit verschlimmerst du nur unsere Lage. Raus hier, sonst ist die Hölle los!«

Sie stoben panisch die Treppe hinauf und stießen Hans, der wichtigtuerisch mit seinem Gewehr herumwedelte, das nicht so einfach nachzuladen war, zur Seite. Und ehe er zu einem weiteren Schuss kam, war die Bande samt ihrem verletzten Kumpan, den sie wie eine Schnapsleiche ins Schlepptau nahmen, wie vom Erdboden verschwunden.

*

Clas begann, ungeduldig von einem Fuß auf den anderen zu treten. Die Sitzung der Bürgerschaft schien heute kein Ende zu nehmen. Der Kampf um das Holstentor war an den entscheidenden Punkt gekommen. Die Mitglieder der Bürgerschaft sollten über den Antrag des Senats auf Sicherung und Wiederherstellung des Tors abstimmen. Clas wusste, dass es für die Befürworter eng werden würde, auch wenn sie es in den vergangenen Monaten geschafft hatten, immer mehr Vertreter der Bürgerschaft vom Erhalt des Holstentors zu überzeugen.

Julius Milde war einer der ersten, die aus dem Saal stürmten. Er lief Clas direkt in die Arme. »Sieg! Wir haben es geschafft, lieber Freund, wenn auch nur um Haaresbreite. Die Bürgerschaft sprach sich für das

Holstentor aus, wenn auch nur mit einer Stimme Mehrheit: 42 pro, 41 kontra.«

»Fantastisch! Dann hat sich unser Kampf gelohnt.«

»Ja, mehr noch. Er ist ein Signal. Endlich setzt sich in Lübeck politisch eine Mehrheit durch, die gewillt ist, die Zeugnisse der Vergangenheit zu wahren und sie nicht einer zweifelhaften Zukunftseuphorie zu opfern.«

»Na, hoffentlich ist diese Gesinnung von Dauer. Wer weiß, was als Nächstes auf dem Altar des Fortschritts geopfert werden soll«, gab Clas zu bedenken.

»Ich kann deinen Pessimismus verstehen«, antwortete Milde. »Das Burgtor steht zum Beispiel zur Debatte. Es gibt Pläne, unterhalb des Burgtors einen Durchstich zwischen Trave und Wakenitz zu graben, um die Ostsee über den Stecknitzkanal an die Elbe anzubinden. Und bei der Gelegenheit soll das Burgtor fallen, um einer Brücke Platz zu schaffen, die in eine breite Ausfallstraße nach Norden mündet.«

»Also geht unser Kampf weiter. Auf mich könnt ihr zählen.«

In diesem Moment trat Jakob Großjan, Clas' Vater, auf die Straße. Als er die beiden Freunde sah, steuerte er ohne zu zögern auf sie zu. Clas wollte sich abwenden, weil er keine Lust auf eine öffentliche Konfrontation hatte, doch Julius hielt ihn zurück.

Jakob bemerkte die Abneigung seines Sohnes ihm gegenüber, doch er machte keinen Versuch, seine väterliche Autorität durchzusetzen. Er klopfte Julius Milde auf die Schulter. »Euer Kampf um das Holstentor hat mich beeindruckt, und ich gestehe, dass ich meine Meinung geändert habe. Man kann dem Fortschritt nicht alles opfern, weder die Vergangenheit, noch das eigene Familienleben, und erst recht nicht die Achtung vor der Würde des Menschen. – Ich habe eben auf der Sitzung für euch gestimmt. Vielleicht war ich das berühmte Zünglein an der Waage, aber ich konnte nicht anders. Mich hatte eine Nachricht aus der Bahn geworfen, die mich kurz vor der Versammlung erreichte. Im Inneren des Holstentors ist es gestern Nacht zu einem Brand gekommen, der einem Menschen das Leben kostete, einem armseligen Bettler, der dort sein Zuhause gefunden hatte. Das war kein bedauerlicher Unfall, wie es die Behörden hinstellen. Es war vorsätzliche Brandstiftung. Ich ahne, was dahinter steckt, und ich ahne auch, wer dafür verantwortlich ist.«

*

Clas lag auf dem Sofa und studierte die Zeitung. Noëlle stand am Fenster und goss die Geranien. Ohne sich umzudrehen, rief sie: »Holst du bitte den Geigenkasten aus dem Flur und legst ihn auf den Wohnzimmertisch? Bei dem Paganini sind noch ein paar Passagen zu üben.«

Als Clas den Geigenkasten öffnete, entdeckte er einen Perlenohrring, auf dessen Oberfläche sich das Zimmer auf bizarre Weise spiegelte. »Eine wunderbare Perle. Bestimmt kostbar. Wo hast du sie her?«

»Ach, nichts Besonderes. Ein Präsent des Prinzen, als Dank für das Konzert in seinem Haus.«

»Dann war dein Auftritt in Berlin bestimmt ein Erfolg. Warum erzählst du mir nichts davon?«

»Weil es nicht wichtig ist. Man muss lernen, Beruf und Privatleben strikt voneinander zu trennen. Und das Privatleben ist nun mal wichtiger.«

»Wirst du wieder nach Berlin reisen und auftreten?«

»Nein, jedenfalls nicht dieses Jahr. Émile will, dass die Frau mit der blauen Geige in Wien auftritt.«

»Wer ist Émile?«

»Émile Fouqué, Geschäftsführer von Krolls Etablissement in Berlin. Jetzt ihr Manager.«

»Bist du intim mit ihm?«

Noëlle stellte die Gießkanne mit einem lauten Geräusch auf dem Fensterbrett ab und drehte sich zu ihm um. »Was geht das Clas Großjan an?«

»Immerhin liegt jener Clas jede Nacht neben der Geigerin im Bett. Er liebt sie, und er würde gern den Rest seines Lebens an ihrer Seite verbringen.«

»Ach was, Liebe.« Sie griff zur Geige und intonierte ein paar halsbrecherische Arpeggien.

Clas klappte den Geigenkasten wieder zu und stellte sich vor sie. »Übrigens, gestern hat es ein Feuer im Holstentor gegeben. Alles sieht nach einer Brandstiftung aus. Die alten Gemäuer haben den Anschlag recht gut überstanden, doch es gab einen Toten. Den grauen Heinrich, du weißt doch, der Bettler, der im Tor haust, den hat es im Schlaf erwischt. Er hatte keine Chance.«

Noëlle blieb mitten in ihrer Tonleiter stecken. Nach einer Weile flüsterte sie: »Oh Gott, der graue Heinrich. Wie entsetzlich! Das tut mir leid. Ich mochte ihn sehr.«

Sie riss ihre Augen weit auf, ihr Blick jedoch verlor sich in unbestimmter Ferne. Dann legte sie Geige und Bogen behutsam auf die Fensterbank neben die Geranien.

Clas nahm Noëlle in den Arm. Sie fühlte sich an wie eine der kalten Sandsteinfiguren auf der Puppenbrücke. »Jetzt hast du das erste Mal, seit wir uns kennen, das Wörtchen *ich* ausgesprochen. Das erleichtert mich, denn ich hatte schon befürchtet, du würdest mit dir selbst nicht ins Klare kommen. Noëlle, ich möchte gern alles tun, um dir zu helfen, ein, sagen wir normales Leben zu führen.«

Noëlle explodierte mit einer Heftigkeit, die Clas zutiefst erschrak. Sie stieß ihn mit einer aggressiven Handbewegung zur Seite, sodass er schmerzhaft gegen die Türzarge stieß.

»Lass mich in Ruhe mit deiner Nächstenliebe! Ich will nicht *normal* sein. Ich bin so, wie ich bin, und ich will, dass mir niemand meine Welt mit Füßen tritt. Wenn du das nicht anerkennst, dann ist es besser, die Frau mit der blauen Geige geht ihre eigenen Wege.«

»Und dazu braucht sie eine Pistole?«

Wieder fror sie schlagartig in ihrer Bewegung ein. Ihr Gesicht wurde kreidebleich. Ihre Lippen zitterten. Man merkte ihr an, dass sie sich mit enormer Kraft bemühte, nicht die Beherrschung zu verlieren.

Sie sagte es leise, leise und verhalten, die Worte durch die Zähne pressend, aber umso gefährlicher klang es: »Sag das noch mal!«

»Deine Pistole, ich habe sie neulich zufällig in deinem Schrank gesehen, als ich nach meiner dunkelblauen Hose suchte.«

»Das ist keine Pistole, sondern ein Revolver. Woher und wozu ich ihn habe, geht dich nichts an. Im

Übrigen hasse ich es, wenn man mir hinterherspioniert.«

Dann fiel sie wieder in ihren Wutausbruch zurück. Ihr Gesicht lief rot an. Sie schrie.

»Ich bin niemandem Rechenschaft schuldig. Und dir schon gar nicht. Es ist aus! Ich will dich nie wieder sehen! Wenn du hier noch mal auftauchst, bringe ich dich um!«

Sie lief schluchzend durch den Flur und schlug die Haustür mit einem dumpfen Knall hinter sich zu.

Fast wäre sie über den Fußabtreter gestolpert.

Bitte Schuhe ausziehen.

Kapitel 6 – Wiener Rondo
Refrain

An jenen Tagen färbte sich der Himmel über Wien in einem merkwürdig gelben Ton. Honigfarbene Schlieren überzogen das Firmament, dennoch konnte man keine wirklichen Wolken unterscheiden. Es schien, als hätte der Glasbläser Silbermann aus dem fernen *Kirschblütengang* eine riesige, über einer unreinen Natriumflamme gebrannte, zerbrechliche Glaskugel über die Stadt gelegt.

Die Einheimischen, die sich im Café Griensteidl auf dem Michaelerplatz trafen, deuteten das als das Ende der Welt. Ein stadtbekannter Philosoph, der dort jeden Abend am Stammtisch saß, sagte ohne jegliches Pathos: »Freunde, dies ist das letzte Kapitel der Menschheit, der Teil, in dem Raum und Zeit miteinander verschmelzen.« Seine Tischnachbarn nickten stumm und leerten ihre Mokkatassen. Nichts Aufregendes also, der Tod ist in Wien ohnehin allgegenwärtig.

Die Touristen missverstanden die Himmelserscheinung als Vorboten des Spätherbstes, Zeit also, gemütlich beim Heurigen in einer der zahllosen Weinstuben zusammenzusitzen, um sich die vertrauten alten Geschichten wie ein Perpetuum mobile aufs Neue zu erzählen. So bekam niemand von ihnen etwas vom drohenden Weltuntergang mit.

Émile Fouqué stand mit Noëlle auf dem Balkon des Hotelzimmers, das er ihr gemietet hatte, und das einen hervorragenden Blick auf den Zirkusplatz gestattete. »Der gelbe Himmel ist eine Huldigung Wiens

198

an die begnadete Künstlerin mit der blauen Geige«, erklärte Émile. »Gelb ist die Komplementärfarbe zu Blau. Das zeigt, du und Wien passen perfekt zusammen. Demnächst wirst du dort unten im Zirkus Renz auftreten. Er ist in künstlerischer Hinsicht einer der ersten Adressen in Wien. Die Massen werden dir zujubeln. Und für die übernächste Woche habe ich ein Konzert in der Hofburg arrangiert. Die Kaiserin wird sich vor deiner Kunst verbeugen und uns mit Perlen überhäufen.«

Ein paar Häuser weiter interessierte man sich weniger für den Himmel als für die Straße.

»Toll, schaut mal da unten, da sind Pferde vorm Zirkus Renz!«, rief der kleine Junge seinen Eltern zu, als er aus dem ersten Stock des Bürgerhauses auf den Platz hinunterschaute. »Da möchte ich gern hin!«

Zirkusdirektor Ernst Renz hatte die Erlaubnis bekommen, vor seinem Etablissement eine kleine Koppel aufzubauen, wo er einige seiner Pferde vorführen konnte. Gegen ein paar Münzen durften Kinder für fünf Minuten auf ihnen im Kreis reiten, was sich als äußerst beliebte Attraktion entwickelte.

Der Junge bettelte so lange, bis sein Wunsch erfüllt wurde, obwohl die Eltern eine gewisse Abneigung gegen Schausteller hegten. »Na gut, aber nur, wenn du nachher ordentlich dein Zimmer aufräumst. Und nur zum Schauen. In den Zirkus gehen wir nicht rein, schließlich sind wir ehrenhafte Bürger. Wenn uns dort die Nachbarn sehen. Nicht auszudenken, dieser Skandal!«

Doch, nachdem der Junge begeistert ein paar Runden geritten war und das Mädchen, das die Leine führte, nicht wie eine Zigeunerin aussah, kauften die

Eltern trotz aller Bedenken Eintrittskarten für die Zir-
kusvorstellung.

*

Couplet 1

Je weiter sich der Zug von Lübeck entfernte, desto klarer wurde Eleonora, dass sie im Begriff war, ihr
bisheriges Leben von Grund auf umzukrempeln.
Nach ihrem abenteuerlichen Aufenthalt in Berlin vor
einigen Wochen war ihr das muffige Milieu in ihrem
Haus samt seiner pietistischen Langeweile mit jedem
neuen Tag unerträglicher geworden.

Nach und nach hatte sich in Eleonoras Herzen
unaufhaltsam die Sehnsucht nach einem weiteren
Abenteuer mit León aufgestaut. Dieser merkwürdig
fremde, aber irgendwie doch vertraute Mensch zog
sie magisch an, doch nicht aufgrund einer oberflächli-
chen Missionssucht, den moralisch Gefallenen wieder
auf den Weg christlicher Lebensführung zurückzuführen. An León faszinierte sie das Geheimnisvolle,
das Unwirkliche, das all ihre bisherigen religiösen
Motive einer fragwürdigen Nächstenliebe zurück-
drängte.

Als der Zug bei Passau die Donau überquerte, gestand sich Eleonora ein, dass sie im Begriff war, sich
in León zu verlieben. Sie suchte seine Anwesenheit.
Sie wollte sich einen Platz an seiner Seite erkämpfen,
egal was es kostete.

Wien kam ihr wie ein Treibhaus vor, nicht nur
wegen des gelblichen Himmels. Ein Schmelztiegel
der Gesellschaft. In den engen Gassen rund um den

Stephansdom drängte sich die gleiche Sorte von Menschen wie damals in Berlin, nur, dass hier alles viel engmaschiger war.

Eleonora setzte sich jeden Spätnachmittag ins Café Griensteidl und verbrachte Stunden, um Mokka samt obligatem Plundergebäck zu verzehren. Endlich, am dritten Tag erschien er. Zu ihrer Überraschung war León so gekleidet, wie sie ihn das erste Mal in Lübeck kennengelernt hatte, als er versuchte, sich in einer Konditorei Kaffee und Kuchen auf zwielichtige Weise zu ergaunern: dunkelbrauner zweireihiger Frack, Weste aus goldenem Brokat, die farblich dazu passende Wollhose, die schwarzen Lederschuhe.

León reagierte ungehalten: »Wo kommst du denn her?«

Die beiden achteten nicht auf den Herrn, der allein am Nebentisch saß. Julius Milde hatte sich sofort hinter einer Zeitung verkrochen, als er bemerkte, dass ein ihm vertrautes Gesicht aus Lübeck im Kaffeehaus erschien. Er kannte Eleonora als Ehefrau des Senators Puthkofer und hatte keine Lust, sich ihr gegenüber als Landsmann auszugeben.

Milde wollte inkognito bleiben. Eigentlich hatte er sich vorgenommen, die Kunstschätze dieser Stadt kennenlernen, aber gleichzeitig hatte er seinem Freund Clas versprochen, Noëlle so unauffällig wie möglich zu beobachten. Weniger aus Eifersucht, vielmehr machten sich beide Sorgen um die Geigerin, die in ihren Augen umso zerbrechlicher wirkte, je mehr künstlerischen Erfolg sie hatte.

Als sich der Fremde mit dem dunkelbraunen Frack neben Eleonora setzte, stutzte Milde. Die

Stimme des Fremden kam ihm bekannt vor. Doch woher?

Eleonora fiel sofort auf, dass León sie duzte. Das gab ihr Mut, den etwas kühlen Empfang zu ignorieren.

»Erinnerst du dich an meinen Auftrag in Berlin, die Perlenkette zu Geld zu machen? Der Juwelier in der Eiergasse hat mir gesagt, wann und wo ich dich wiedertreffen würde. Jetzt bin ich hier, um dir Bericht zu erstatten. Alles hat so geklappt, wie du es geplant hattest. Der Junge bekommt jetzt Geigenunterricht und soll große Fortschritte machen.«

»Das habe ich nicht anders erwartet.«

»León, warum bist du so einsilbig? Habe ich meine Arbeit nicht gut gemacht? Freust du dich nicht, mich wiederzusehen?« Sie griff etwas unwirsch zu ihrer Tasse, sodass ein wenig Mokka überschwappte.

»Doch, doch.« León strich ihr beruhigend über den Handrücken. »Ich war im ersten Moment nur etwas überrascht, dich in Wien zu sehen, wo ich doch selbst erst seit wenigen Tagen hier bin.«

Er beugte sich näher zu ihr und tat recht geheimnisvoll. »Allerdings, ich hätte dir ohnehin geschrieben, dich erneut um deine Mithilfe gebeten. Ich habe für Wien so meine Pläne, musst du wissen.«

»Würdest du mich denn in deine Pläne einweihen? Du weißt, ich stehe fest auf deiner Seite, ich könnte dich nie verraten. Wir beide passen eigentlich gut zusammen. Unsere Vornamen klingen ähnlich, obwohl sie unterschiedlicher Herkunft sind. Der Name León kommt von *Der Löwenstarke* und Eleonora leitet sich ab von *Die Erbarmen und Mitleid hat*. Das trifft uns doch ganz gut, oder?«

»Das klingt zwar ganz nett, aber Namen sind so gut wie die banalen Aufkleber auf den Postpaketen. Austauschbar, zufällig, wie das Glück beim Kartenspiel.«

León lehnte sich wieder zurück und schaute Eleonora eine Weile prüfend an. Dann schien er einen Beschluss gefasst zu haben. In leisem, verschwörerischem Ton fuhr er fort: »Und damit möchte ich auf den Punkt kommen. Kennst du das Kartenspiel *Poker*?«

»Nein, in unseren Kreisen spielt man *Poch*. Das sieht mein Mann zwar nicht gern, weil er meint, Glücksspiele seien unchristlich. Doch weil wir den Gewinn für wohltätige Zwecke ausgeben, verbietet er sie uns nicht.«

»Wunderbar. Dass du Poch spielen kannst, passt gut in meine Pläne. Poker ist sehr ähnlich und außerdem brandaktuell. Ein Geschäftsmann hat es aus Nordamerika mitgebracht. Man spielt es dort auf den Mississippi-Dampfern. Im Casino in der ersten Etage des Kaffeehauses Leibenfrost am Neuen Markt trifft sich jeden Freitag die Wiener Oberschicht und wirft mit Geld nur so um sich.«

»Dass du einen Hang für ungewöhnliche Aktivitäten hast, habe ich in Berlin ja schon kennengelernt. Aber bist du jetzt auch noch dem Spieltrieb verfallen?«

»Nein, keineswegs, denn Sucht macht blind. Mein Plan jedoch ist ganz nüchtern durchdacht. Mir geht es weder um persönliche Bereicherung noch um irgendeine Ersatzbefriedigung. Ich will einfach dazu beitragen, dass das von den Reichen im Casino aus dem Fenster herausgeworfene Geld bedürftigen Menschen zugutekommt.«

»Aha, wieder einmal León der moderne Robin Hood?«

»Genau, warum nicht? Ich kenne eine Artistenfamilie, die in einem renommierten Zirkus mit teilweise halsbrecherischen Attraktionen auftritt, dafür aber nur einen Hungerlohn erhält. Wehe wenn bei denen mal was schief läuft, dann geraten sie schnell auf das hinterste Abstellgleis unserer Gesellschaft.«

»Und welche Aufgabe hast du mir dieses Mal zugedacht?«

»Du gehst Freitag in das Casino und spielst so, wie du es kennst. Ich werde auch da sein, und das Wichtigste ist, du achtest nur auf meine Handbewegung. Ich werde eine Brille tragen, und wenn ich sie mit der linken Hand nach oben auf die Nase schiebe, dann unterbrichst du das Spiel, indem du rufst: *Showdown!* Aber nur dann, selbst wenn du meinst, du hättest ein perfektes Blatt. Und noch etwas. Du musst auf jeden Fall so tun, als würdest du mich nicht kennen. Es darf niemandem in den Sinn kommen, wir seien befreundet.«

León zog einen Briefumschlag aus der Jackentasche. »Hier hast du das nötige Startgeld. Du spielst solange, bis ich meine Brille absetze. Dann überlässt du jemandem anderen deinen Platz und verlässt das Casino. Wir treffen uns danach hier vorm Café. Aber vergiss nicht: Wir dürfen uns nicht kennen. Poussier meinetwegen mit deinem Tischnachbarn, aber verkneife es dir, mich anzulächeln oder gar anzusprechen.«

Eleonora verzog den Mundwinkel. Diese Bedingung schien ihr nicht besonders zu behagen.

Julius Milde hatte einen Teil des Gesprächs aufschnappen können. Er ahnte, dass sich hier etwas Ungeheures anbahnte und beschloss, am Freitag ebenfalls ins Casino zu gehen. Am nächsten Vormittag besorgte er sich eine Eintrittskarte für den Zirkus Renz, um Noëlles Auftritt aus nächster Nähe zu erleben.

*

Refrain

Im Zirkus Renz saß man auf schmalen Bänken um eine Bühne herum. Der große Kreis, der das Zirkusrondell abgrenzte, und der kleinere der Bühne tangierten sich an der hinteren Stelle, an der die Artisten das Zelt betraten. Nur ein schmaler Pfad blieb dazwischen, damit die Pferde im Kreis galoppieren konnten. Es roch nach Sägespänen und frischem Heu. Eine Reihe von Gaslaternen tauchte die kegelförmige Zirkuskuppel in ein geheimnisvoll flackerndes Licht. Es schien, als würden dort die Luftgeister Fastnacht feiern.

Als Erster war Sebastian mit seinen Jonglierkünsten dran. Er hatte sich als Clown verkleidet, tapste scheinbar unbeholfen über die Bühne, stolperte über eine große Seemannskiste und fiel zu den Zuschauern herunter. Dort rappelte er sich auf und schlängelte sich durch die Reihen, wobei er sich hin und wieder kleine Gegenstände, eine Mütze, einen Schal oder eine Tasche ausborgte. Er baute sie zu einer Pyramide zusammen, die auf seinem Kopf bedenklich hin und her schwankte.

Dergestalt erklomm er die Bühne, ohne dass ein Gegenstand herunterfiel. Das war einen ersten, anerkennenden Beifall wert. Dann legte er die Pyramide auf der Kiste ab und begann, die Gegenstände von oben herab greifend nach und nach in die Luft zu werfen, um mit ihnen zu jonglieren. Bald bildeten sie einen verwirrend schnellen Kreislauf.

Kein Teil fiel auf den Boden. Wieder war ihm Beifall sicher. Lächelnd warf er die Gegenstände nach und nach wieder ins Publikum zurück, so genau, dass die jeweiligen Besitzer es leicht hatten, sie aufzufangen.

Als nichts mehr übrig war, setzte er sich scheinbar atemlos schnaubend auf die Kiste und fragte seine begeisterten Zuschauer: »Na, alles wieder zurück? Wir sind zwar Schausteller, aber keine Diebe.«

Eine Dame aus der ersten Reihe keifte: »Mein Handtäschchen! Wo ist mein Handtäschchen? Geben Sie mir auf der Stelle mein Handtäschchen zurück, sonst rufe ich die Polizei!«

Sebastian setzte eine betrübte Clownsmiene auf, die an Scheinheiligkeit nicht zu überbieten war. »Welches Handtäschchen? Ich kann mich nicht an Ihr Handtäschchen erinnern.«

Er lüftete seine Clownsjacke und schüttelte seinen weiten Ärmel aus. »Hier ist weit und breit kein Handtäschchen. Tut mir leid, verehrtes Fräulein.« Dann stand er auf und hob die Seemannskiste an einer Ecke an. »Auch hier nichts. Kein Handtäschchen weit und breit.«

Die Dame hörte mit dem Zetern nicht auf, bis der Artist sie mit einer energischen Handbewegung zum Schweigen brachte. »Ach so, Sie suchen ihr Handtäschchen? Das ist was anderes. Das haben wir gleich.«

Er stellte sich mit den Zehenspitzen so hart an den Bühnenrand, dass es für einen Moment schien, er würde erneut herunterfallen. Dann schattete er seine Augen mit der rechten Hand ab und spähte wie ein Seemann, der ein fernes Ufer sucht, durch die Reihen der Zuschauer. Endlich fand er das passende Opfer, den Jungen aus dem Bürgerhaus am Rand des Marktplatzes.

»Du da, junger Mann, komm doch mal zu mir herauf. Du musst mir bei der Suche helfen.«

»Nein, du gehst nicht zu diesen Leuten!«, zischte der Vater. Doch der Junge riss sich von seinen Eltern los. Endlich kam sein großer Auftritt, endlich konnte er sich ihnen gegenüber behaupten.

Sebastian half ihm, den Bühnenrand zu erklimmen. »Fein, dass du mir helfen willst. Gibt doch noch tapfere Männer hier in der Stadt, die das Rampenlicht nicht scheuen! Komm, setzt dich zu mir auf die Kiste.«

Er legte seinen Arm um den Jungen. »Also das mit dem Handtäschchen ist mir ja wirklich sehr peinlich. Hast du eine Ahnung, wo es sein könnte?«

Der Junge bekam vor Aufregung keinen Ton heraus. Er schüttelte nur den Kopf.

Da fasste Sebastian mit der anderen Hand in dessen Gesicht, und im Nu zauberte er das Handtäschchen aus der Nase hervor. »Na also, dachte ich mir doch, dass du ein Höllenkerl bist.« Dann zog er den

Jungen am Ohr und brachte ein aufgeregt flatterndes Huhn zum Vorschein, welches gackernd nach hinten davonlief.

»Sieh mal einer an, was du so alles im Gesicht trägst«, scherzte Sebastian. »Du gefällst mir. Weißt du was? Du darfst mich auch mal am Ohr ziehen.« Zur Krönung fiel dem Jungen ein Hühnerei in die Hand. Die Leute lachten hell auf.

Der Junge hielt es verdutzt in die Höhe, doch der Clown beruhigte ihn: »Du darfst es behalten. Ist hart gekocht. Da wird sich deine Mutter freuen, wenn du den Speiseplan heute Abend bereicherst.«

Unter brandendem Applaus half er dem Jungen wieder herab von der Bühne, verbeugte sich und verschwand, scheinbar über die Seemannskiste stolpernd, nach hinten durch den Bühnenvorhang.

*

Couplet 2

Julius Milde brauchte eine Weile, um sich in dem weitläufigen Saal der Spielbank im ersten Stock des Kaffeehauses Leibenfrost zu orientieren. Die hohen, von monumentalen Scheinsäulen flankierten Fenster hatte man mit dunklen Stoffen verhängt. An den Wänden hingen bräunlich vergilbte Porträts namenloser Vorfahren, die sicherlich schon bessere Zeiten erlebt hatten. Dichter Tabakqualm füllte den hohen Raum, sodass die Decke nicht zu erkennen war.

Milde hatte das Gefühl, in eine Höhle hineingeraten zu sein. Das Mobiliar bestand nur aus eigentümlich geformten Tischen und mit schwarzem Leder beschlagenen Stühlen. Über jedem Tisch hing von der scheinbar unendlich hohen Decke herab eine trichterförmige Kupferlampe, deren grüne Fransenbordüre mit der gleichfarbigen Stoffbespannung der Spieltische harmonierte. Unter diesen Lampen breiteten sich scharf gebündelte Lichtkegel aus, die nur die Spielfläche und die Gesichter der direkt am Tisch Sitzenden ausleuchteten. Die Szenerie erinnerte Milde an die frühbarocke Helldunkelmalerei eines Caravaggio, bei dessen Gemälden das Licht oft wie aus einer magischen Quelle im Innern der Körper strömt.

Dank der dezenten Beleuchtung konnte Milde die Spieler unauffällig mustern. Schon beim ersten Blick in die Runde bereute er es, Bleistift und Skizzenblock nicht mitgebracht zu haben. Die Umgebung hätte genügend Stoff für etliche Charakterstudien geboten.

Im Saal herrschte ein reges Hin und Her. Die Kellner hatten Mühe, sich mit ihren Tabletts durch die wogende Menge durchzukämpfen. Die Spieler wechselten häufig die Tische. Immer wieder trafen neue Gäste ein. Ab und zu stürzte ein vom Pech Verfolgter aus dem Saal. Einer riss in seiner Verzweiflung einen Garderobenständer um.

An der Stirnseite des Tisches, an dem gepokert wurde, saß mit aschfahlem Gesicht ein älterer Herr in stocksteifer Haltung, als sei er die Achse des imaginären Karussells. Krampfhaft den Blick auf seine Karten gerichtet, bemerkte er nicht, dass sich hinter seinem Rücken ein Jüngling an die neben ihm sitzende Ehefrau heranmachte und seine Hand nach dem Spielgewinn ausstreckte. Die Dame schien sich mehr für den Jüngling als für Spielgewinn und Ehemann zu interessieren.

Ihm gegenüber saß ein aufgeregt gestikulierender, wohlbeleibter Bürger, der in seiner Unentschlossenheit Rat bei einer jungen Frau suchte. Diese schaute ihm so tief in die Augen und ebenso neugierig in seine Karten, dass er die geheimen Zeichen übersah, die sie einem Komplizen an der rechten Tischseite übermittelte. Der zwirbelte zufrieden die Enden seines Schnurrbarts nach oben, wusste er nun, dass der Bürger bei seinem Spiel nur mit heißer Luft bluffte.

Ganz anders der Student mit dem Lockenkopf und dem flaumigen Backenbart. Er hatte sich vom Spieltisch abgewendet und saß mit verklärter Miene und geschlossenen Augen rittlings auf seinem Stuhl. Das Glück war ihm diesen Abend nicht hold gewesen. Nun träumte er davon, dass der Tod durch die Revolverkugel heldenhafter sei als der Sprung in die kalten Wellen der Donau.

Eleonora übernahm seinen Platz im Spiel. Sie war ganz in weiß gekleidet und trug einen breitrandigen Strohhut, der ihr Gesicht vorm grellen Licht der Kupferlampe abschirmte. Doch ihre fahrigen Handbewegungen verrieten mehr, als es ihre Augen vermocht hätten. Schnell merkten die Mitspieler, dass sie eine Anfängerin war, und sie versuchten, Eleonora nach allen Regeln der Kunst auszunehmen.

Anfangs ließ man sie das eine oder andere Spiel gewinnen. Je mehr Spielcoupons sich vor ihr anhäuften, desto waghalsiger wurde sie mit ihren Einsätzen. Als sie schließlich einen *Drilling*, also drei Karten gleichen Wertes in der Hand hielt, meinte sie, ihren bisherigen Gewinn auf einen Schlag setzen zu müssen. Darauf hatte ein anderer Spieler, der Mann mit dem nach oben gezwirbelten Schnurrbart nur gewartet. Er blätterte eine *Straße* hin, das sind fünf Karten in einer Reihe, und er räumte damit alle Einsätze ein.

Eleonora stand wieder am Anfang, und wahrscheinlich hätte sie auch noch ihren letzten Coupon geopfert, wenn nicht in diesem Moment ein neuer Gast am Spieltisch erschienen wäre. Lässig an seiner Pfeife rauchend setzte er sich ihr gegenüber. Er entledigte sich seines dunkelbraunen zweireihigen Fracks, sodass die Weste aus goldenem Brokat im Lichtkegel der Lampe glänzte, als stammte sie aus einem jüngst entdeckten Pharaonengrab. Dann klopfte er die Glut aus seiner Pfeife und stieg ins Spiel ein.

Julius Milde erkannte in ihm sofort Eleonoras Bekannten aus dem Café Griensteidl. Wie hatte sie ihn damals angesprochen? - León, wenn er richtig gehört hatte.

Jener León fügte sich schnell und unauffällig in das Spiel ein. Hier im Casino Leibenfrost war kein Hausangestellter für das Mischen und Austeilen der Karten zuständig. Die Rolle des *Dealers* wechselte von Spiel zu Spiel reihum zwischen den Mitspielern. Zufällig wurde León der nächste Dealer. Sein routiniertes Austeilen signalisierte den anderen, dass er kein Anfänger war.

Eleonora erbrachte den kleinstmöglichen Einsatz. Nun, da sie León an ihrer Seite wusste, wollte sie nichts ohne seine Zustimmung wagen.

Der wohlbeleibte Bürger jedoch begann, riskant zu spielen, angestachelt durch seine hinterhältige junge Ratgeberin, die heimlich dem Mann mit dem Zwirbelbart zuspielte. Er verlor bei diesem Spiel sein gesamtes Geld und stürzte fluchend aus dem Saal.

Beim nächsten Spiel versuchte die falsche Ratgeberin, sich an León heranzumachen, doch der hielt
seine Karten so, dass ihm niemand ins Blatt schauen
konnte. Nach ein paar scheinheiligen Schmeicheleien
gab es die Frau auf und suchte sich ein anderes Opfer.

Die nächsten Partien verliefen recht unspektaku-
lär. Nur wenn sich León als Dealer betätigte, gab es
das eine oder andere bessere Blatt. Der Zwirbelbart
konnte erfolgreich mit *zwei Paaren* bluffen, die Ka-
russellachse trumpfte mit einem einträglichen *Flash*
auf, das sind fünf Karten in einer Farbe. Durch den
Erfolg angespornt, trieben beide Spieler die Einsätze
in die Höhe. Nur Eleonora hielt sich zurück und
machte den Eindruck einer farblosen Mitläuferin.

Dann passierte das erste Wunder. Nachdem León
die Karten ausgeteilt hatte, studierte er scheinbar
gleichgültig sein Blatt. Der Zwirbelbart verdreifachte
seinen Einsatz. Die Achse hielt mit. León schob mit
einer unauffälligen Bewegung seine Brille nach oben
auf die Nase.

Wie aus heiterem Himmel rief Eleonora: »Showdown!«

Die Achse hatte nur eine *Straße*. Der Zwirbelbart
warf siegessicher sein Blatt auf den Tisch: *Full
House*, also ein Drilling und ein Paar. Doch dann
breitete Eleonora ihr Blatt genussvoll langsam Karte
für Karte auf dem Tisch aus: Piek Neun, Zehn, Bube,
Dame, König einträchtig beieinander, ein *Streight
Flash*.

Bei Weitem der höchste Gewinn des heutigen
Abends.

Mit einer anerkennenden Geste setzte León seine
Brille ab und legte sie neben die Pfeife. Eleonora

steckte ihren Gewinn ein und verschwand so schnell, dass die anderen keine Gelegenheit hatten, ihr zu gratulieren.

Ein paar Spiele noch, dann verabschiedete sich León. Auch er hatte einen ansehnlichen Gewinn erzielt. Als er sich erhob, konnte Julius Milde für einen Moment seine Augen genau erkennen. Als Maler hatte er einen Blick für Details.

Diese Augen kenne ich.

Doch woher?

Plötzlich dämmerte es ihm.

Sollte etwa …?

*

Refrain

Auf der Bühne im Zirkus Renz ging es mit Abels Auftritt weiter. Man hatte in Windeseile einen länglichen Tisch aufgebaut, auf dem eine Reihe brennender Kerzen standen. Dann ging Abel vorn an den Bühnenrand, nahm ein Kartenspiel zur Hand und vollführte ein paar verblüffende Kartentricks.

Er zog eine der Karten, zeigte sie in die Runde und rief einem Zuschauer in der ersten Reihe zu: »Fangen Sie mal, wenn Sie können!«

Die Karte trudelte hinunter ins Publikum. Der Besucher hatte Mühe, sie aufzufangen, weil sie eine unvorhersehbare Bahn beschrieb. Er musste aufspringen und seinen Nachbarn anrempeln, ehe er sie zu fassen bekam.

»Für den Anfang nicht schlecht!«, meinte Abel. »Kontrollieren Sie bitte, ob die Karte irgendwie ungewöhnlich oder gezinkt ist.« Der Mann drehte und wendete die Karte, dann schüttelte er den Kopf.

»Also eine ganz normale Spielkarte, ohne Wenn und Aber.« Abel trat in die Mitte der Manege zurück. »So, und nun versuchen Sie mal, mir die Karte zurückzuwerfen.«

Der Mann holte in hohem Bogen aus, aber die Karte flatterte unkontrolliert zur Seite. Abel musste sie sich zurückgeben lassen. Dann stellte er sich an den hinteren Rand der Manege kurz vor den Artistenaufgang.

»Nun passen Sie genau auf, verehrte Gäste! Da hinten, am Eingang steht Donja mit einem Hut in der Hand. – Nein, keine Angst, sie will damit jetzt nicht durch die Reihen gehen und um Trinkgeld betteln. – Halt den Hut so hoch wie du kannst, mit der Öffnung nach vorn. Aber nicht bewegen!«

Als sei es das Natürlichste der Welt, flog die Karte blitzschnell quer über den Raum, ohne zu trudeln, und landete genau im Hut. Die Zuschauer waren verblüfft. Auch Noëlle, die neben Sebastian stand und auf ihren Auftritt wartete. Sie fragte ihn flüsternd: »Wie hat er das denn gemacht? War das ein Zufall oder ist ein Trick dabei?«

»Weder noch. Es ist die richtige Technik, die man beherrschen muss. Die hat wenig mit Kraft zu tun, sondern eher mit der richtigen Bewegung aus dem Handgelenk heraus. Man muss dafür sorgen, dass die Karte sehr schnell rotiert, denn das stabilisiert ihre Flugbahn. Die Ecken wirken dann wie die Zähne einer Säge. Deswegen sollte Donja sie mit dem Hut auffangen. Die drehende Karte hätte ihr die Hand zerschnitten. Sie ist wie eine Waffe. Wenn man den richtigen Punkt trifft, kann man damit sogar einen Menschen töten.«

Donja war inzwischen mit der Karte zur Bühne gelaufen und half Abel, einen langen Tisch aufzubauen, auf dem brennende Kerzen und ein auf eine kleine Säule gesteckter Apfel ruhten. Dahinter stellten sie eine mannshohe Holzwand.

Abel baute sich in ein paar Metern Entfernung davor auf und fragte das Publikum: »Was meint ihr, kann man die Kerzen aus diesem Abstand auslöschen?«

Wird man wohl können, meinten viele, denn sonst hätte der Artist nicht nachgefragt. Einer nickte deutlich mit dem Kopf. Abel bat ihn, auf die Bühne zu kommen. Der Bursche pustete so stark, dass ihm beinahe schwindelig wurde, aber die Flamme der ersten Kerze zuckte nur müde auf.

»Na, ist wohl nichts mit deiner Puste?«, flachste Abel. »Musst mehr Bauchmuskeln ansetzen, dann wird´s vielleicht noch was. Lass mich mal ran. Mal sehen, ob ich´s schaffe.«

Doch auch er konnte es nicht besser. »Hm, schade. Heute bin ich etwas schwach auf der Lunge. Aber ich habe mir vorgenommen, die Flammen auszumachen. Hat jemand eine Idee, wie ich das aus dieser Entfernung bewerkstelligen kann?«

Jemand rief: »Spucken!«

»Nee, das ist mir zu unsauber«, lehnte Abel den Vorschlag ab. »Ich glaube, ich hätte da eine elegantere Lösung.«

Er griff wieder zu seinem Kartenspiel und hielt eine der Karten so in der Hand, dass die Stirnseite zwischen Zeige- und Mittelfinger klemmte. Dann machte er aus dem Handgelenk heraus probeweise ein paar Schüttelbewegungen, ohne den Arm oder den Körper zu bewegen. Die Oberfläche der Karte zeigte parallel zum Boden. Plötzlich warf er die Karte mit einer unauffälligen Bewegung in Richtung der ersten Kerze. Sie drehte sich dabei so schnell, dass man es kaum mit den Augen verfolgen konnte.

Auf einer messerscharfen geradlinigen Bahn schoss die rotierende Karte genau durch Flamme, die durch die Luftwirbel sofort erlosch. Die Karte flog fast ungehindert weiter und blieb mit einer Ecke in dem weichen Holz der Stelltafel stecken.

Einige aus dem Publikum sprangen auf und vergaßen vor Schreck zu applaudieren.

Unfassbar! Das war Hexerei. Oder zumindest steckte ein Trick dahinter.

Abel nahm allen Spekulationen den Wind aus den Segeln: »Wer es nicht glaubt, kann gern auf die Bühne kommen und sich davon überzeugen, dass weder die Kerzen, noch die Karte, noch die Holzwand manipuliert wurde.«

Niemand wagte sich vor. »Und nun schaut genau hin, denn jetzt geht es Schlag auf Schlag!«

Er ordnete ein paar Karten so in seiner linken Hand, dass er sie rasch einzeln mit der rechten greifen konnte. Und wie ein Kugelregen schossen die Karten aus seinem Handgelenk hervor. Jede einzelne traf eine der Kerzen, und in kaum einer Sekunde waren alle vollständig ausgeblasen.

»Danke schön für Ihr Vertrauen«, rief Abel. »Und nun komme ich zum nahrhaften Teil der Vorführung.«

Wieder nahm er einen Satz Karten in die Hand. Eine Spielkarte nach der anderen warf er so auf den Apfel, dass sie in der Mitte stecken blieben. Bei der letzten Karte zerteilte sich der Apfel und fiel, sauber in zwei Hälften geteilt, auf den Tisch.

Das Publikum toste vor Begeisterung. Abel nahm die beiden Apfelhälften und reichte sie dem Jungen, der vorhin von Sebastian das Ei bekommen hatte: »Hier, kannst du behalten. Noch was für den Speiseplan heute Abend!«

Der Artist verschwand für einen kurzen Augenblick hinter dem rückwärtigen Bühnenvorhang. Sebastian und Aurelia stürmten auf die Bühne und räumten den Tisch und die restlichen Gegenstände fort. Dann rückten sie die Stellwand in die Mitte des hinteren Bühnenteils, und Aurelia lehnte sich in gerader Haltung gegen das Holz.

Unter Beifall kam Abel wieder hervor, wandte sich an sein Publikum und öffnete seine weite Jacke. Eine Batterie von Messern kam zum Vorschein, die in seinem Hosengürtel steckten. Er machte ein paar Witze über Küchenmesser und Hausfrauen.

Plötzlich, ehe die Leute begriffen, was vor sich ging, drehte er sich um und schleuderte die Messer in rascher Folge auf die Holzscheibe. Im Nu war Aurelia von den im Holz steckenden Messern eingerahmt.

Ein Aufschrei ging durch die Menge.

Aurelia verließ ihre Position, trat mit zierlichen Schritten nach vorne, drehte eine Pirouette, um zu beweisen, dass sie unverletzt war, und warf dem Publikum ein Kusshändchen zu. Dann zog sie den Vorhang zu und verschwand dahinter.

Wieder brandete Applaus auf. Das Publikum war begeistert. Sogar der Vater des Jungen, der stolz das Ei und die beiden Apfelhälften in der Hand hielt. Seine Vorurteile gegen Schausteller waren zumindest für den heutigen Abend vergessen.

*

Couplet 3

Nach dem Spiel trafen sich Eleonora und León wie verabredet vorm Café Griensteidl, das bereits geschlossen hatte. Deswegen schlug León einen Bummel durch die nächtliche Innenstadt vor. Die gelbliche Farbe des Himmels war in ein trübes Dunkelbraun übergegangen. Es sah nach Regen aus, aber dennoch herrschte rund um den Stephansdom reges Treiben. Besonders auf die Pferdedroschken musste man achtgeben. Die Fahrer nahmen trotz der Dunkelheit wenig Rücksicht auf die Fußgänger. Ein Wunder, dass es nicht zu einem Unfall kam. Nachts schienen es die Wiener eiliger zu haben als tagsüber.

Die beiden erreichten bald den Stadtpark, der um diese Uhrzeit nur noch von Liebespaaren aufgesucht wurde.

León steuerte eine Bank am Ufer des kleinen Sees an. Hier war der Himmel etwas heller. Es roch nach Herbstlaub.

»Dein Auftritt vorhin im Casino war perfekt. Ich denke, wir haben eine ganz schöne Summe eingenommen.«

»Es freut mich, dass du mit mir zufrieden bist. Es hat mir selbst auch viel Spaß gemacht, zu sehen, wie

218

das Geld aus den Taschen der reichen Bourgeois nur so herausquoll. Wieso hatte ich im entscheidenden Moment so ein gutes Blatt? Ich meine, Poker ist ein Glücksspiel, da spielt doch der Zufall die entscheidende Rolle. Oder hast du dem Glück ein wenig nachgeholfen?«

León holte seine Pfeife hervor. »Möchtest du eine Prise rauchen?«

»Nein danke, ich rauche nicht.«

»Dann schau dir die Pfeife wenigstens genau an.«

Eleonora betrachtete sie neugierig. Doch wegen der Dunkelheit konnte sie nicht viel erkennen.

»Ich verrate es dir. Im Inneren des Pfeifenkopfes habe ich einen kleinen Spiegel eingebaut, etwas schräg, damit der Tabak noch etwas Luft bekam. Als ich das Casino betrat, rauchte ich die Pfeife für jeden ersichtlich auf natürliche Weise. Als ich mich dann setzte, klopfte ich die Glut aus und legte die Pfeife so, dass ich im Spiegel sehen konnte, welche Karte zuunterst in meiner Hand lag. War sie für uns interessant, teilte ich den anderen Spielern solange von oben aus, bis du an der Reihe warst und ich dir die gute Karte geben konnte. Das ging so schnell, dass niemand die manipulierte Reihenfolge bemerkte.«

»Das ist aber Betrug! Hätte ich gewusst, dass du mit unlauteren Mitteln arbeitest, wäre ich nicht bereit gewesen mitzuspielen.«

»Deine Skrupel ehren dich, aber glaube mir, kaum einer der Profispieler in der Spielhalle arbeitet mit ehrlichen Mitteln. Und das ist auch gut so. Denn die meisten Leute, die dorthin gehen, wollen doch im Grunde genommen betrogen werden. Ihnen geht es nicht ums Geld. Vermögen haben sie genug. Um es zu mehren, stehen ihnen ganz andere Wege zur Verfügung, legale und berechenbare. Nein, sie suchen den Nervenkitzel, der in der Herausforderung des Unberechenbaren steckt. Wenn es der Zufall will, dass sie eine Partie gewinnen, halten sie sich für etwas Besonderes. Wenn sie verlieren, weiden sie sich im Mitleid der anderen. Und das Gefühl, bemitleidet zu werden, ist für viele Menschen stärker als das, bewundert zu werden.«

León hielt für einen Moment inne. Dann stopfte er sich die Pfeife, entzündete den Tabak und lehnte sich genüsslich rauchend zurück.

»Komm morgen Nachmittag zum Zirkus Renz, zum Künstlereingang, und bring den Spielgewinn mit. Zusammen mit dem, was ich gewonnen habe, werden wir der armen Artistenfamilie ein wunderbares Geschenk machen. Ich führe dich zu ihr, doch ich möchte, dass du ihnen das Geld allein überbringst. Sag, es käme von einem sie bewundernden Zuschauer, der unerkannt bleiben will.«

»Hast du nun Mitleid mit den armen Leuten, dass du ihnen Geld schenkst, oder bewunderst du sie? Würde das Almosen sie dann nicht erniedrigen?«

»Das ist nicht so einfach zu erklären. Ich werde es mit einer Geschichte versuchen. Eine Art Traum, der genauso gut Realität sein könnte. Manchmal gibt es Phasen, wo ich nicht in der Lage bin, zwischen beiden zu unterscheiden. Ich weiß nicht, ob der Traum bei dir Bewunderung auslöst oder Mitleid. – Vielleicht auch beides.«

*

Es war ein Freund, ein erfolgreicher Maler, der mich an diesen bislang unbekannten Ort geschleppt hatte.

»Du musst mehr unter die Leute kommen,« meinte er. »Aus dem Leben muss die Kunst schöpfen, nicht umgekehrt. Außerdem haben sie dort gute Weine und die beste Küche der Stadt.«

Da ich leider zu den Menschen gehöre, denen es schwerfällt, einem Freund zu widersprechen, und da ich ohnehin an diesem Tag nichts Besseres zu tun hatte, ließ ich mich überreden.

Das Lokal lag am Rand der Stadt, hinterm Augarten, dort, wo die Häuser nur noch ein Obergeschoss haben und wo die Menschen langsamer gehen, als in den Lebensadern der Innenstadt.

Ein paar Pferdekutschen standen vor der Tür.

Zu meiner Überraschung war das Lokal proppenvoll. Schon wollten wir uns wieder zurückziehen, da winkte uns der Ober heran und führte uns an einen kleinen Tisch in einer Seitennische.

Mir schien, als kannten sich die beiden gut.

»Wie immer«, bestellte mein Freund. »Zwei Mal wie immer.«

Der Ober zog sich wortlos zurück.

Mein Freund versuchte, mich in ein Gespräch über den Sinn der Kunst einzuspannen, doch ich hörte ihm nur mit halbem Ohr zu. Ab und zu pflichtete ich ihm mit einem verständnisvollen Augenzwinkern zu, was ihn ermunterte, seine Theorien von einem Gipfel zum nächst höheren zu treiben.

Für die Einstudierung dieser Mimik hatte ich ein Leben gebraucht. Ich habe sie so lange perfektioniert, dass sie jetzt wirkte. In diesen Momenten fühle ich mich wie mein eigener Doppelgänger. Mein Freund merkte von all dem nichts. Meine Maskerade gibt mir die Möglichkeit, in Ruhe meine Umgebung zu mustern. Als Künstler braucht man das, um nicht aufzufallen, wenn man seine Mitmenschen studiert.

Wie gesagt, im Lokal war viel los. Doch eigenartigerweise war es, bis auf das halblaute Wortgeplätscher meines Freundes, totenstill in dem Raum. Eine hektische Stille. Keine dezente Hintergrundmusik, keine Gespräche an den Nachbartischen, kein Lärm von draußen.

Der Ober putzte hinter dem Tresen schweigend seine Gläser.

Die Stille dröhnte in meinen Ohren, dass es mich schmerzte.

Die Gäste um mich herum bewegten sich ganz normal, ganz ungezwungen. Jeder von ihnen hatte gebratene Scholle auf seinem Teller. Sie tranken Saft durch einen Strohhalm.

Sie lächelten sich gegenseitig an, doch keiner sprach ein Wort. Stattdessen wedelten sie ständig mit den Händen, ja mit den Armen durch die Luft, egal, ob gerade eine Kartoffel an ihrer Gabel steckte oder das Fischfett von ihren Messern tropfte.

Langsam dämmerte es mir. Es war ein Klub von Taubstummen, der sich das Lokal für eine Familienfeier auserkoren hatte.

Der Ober brachte uns schweigend den Wein. Ich sollte ihn verkosten. Er gefiel mir. Grauburgunder von gutem Terrain.

Mein Freund plauderte derweil unverdrossen weiter. Inzwischen war er bei der niederländischen Malerei des Goldenen Zeitalters angekommen. Da ich

bei diesem Thema nicht mithalten konnte, schwieg ich
und nickte ihm weiterhin bejahend zu.

Einer der taubstummen Gäste am Nebentisch hob
sein Glas und zwinkerte mir zu. Wahrscheinlich hielt
er mich für einen Schicksalsgefährten.

Ich erwiderte seinen Gruß, doch er wurde sofort
von seinen Freunden abgelenkt. Er vergaß mich
schnell.

Ich ihn nicht.

Unser Essen ließ lange auf sich warten. Doch es
machte mir nichts aus. Ich hatte ohnehin keinen gro-
ßen Appetit.

Irgendwann kam der Ober an unseren Tisch.

»Sie sind doch Musiker?«

Es war das erste Mal, dass ich seine Stimme hör-
te. Sie klang merkwürdig hoch und schneidend, wie
bei einem Countertenor in einer Händel-Oper.

Mein Freund stockte für einen Moment in seinen
Ausführungen über den Zauber des Alltäglichen in
der niederländischen Barockmalerei.

Mir war es peinlich, in einem öffentlichen Lokal
auf meine Tätigkeit angesprochen zu werden. Ich er-
widerte nichts, sondern bejahte mit einer unauffälli-
gen Kopfbewegung.

»Ich möchte Sie bitten, mir zu folgen, wenn's
nicht pressiert. Man erwartet Sie bereits.«

Mein Freund verstummte zum ersten Mal an die-
sem Abend. Ehe er etwas einwenden konnte, erhob
ich mich und folgte schweigend dem Ober, als hätte
er mich wie ein Fisch in einem unsichtbaren Netz
gefangen.

Der Raum im Obergeschoss war dürftig ausge-
leuchtet. Ein schwerer blauer Vorhang ließ nur weni-
ge Sonnenstrahlen hindurch, die für kräftige Schlag-
schatten auf den Fliesen sorgten und die das Gesicht
der jungen Frau hell ausleuchteten. Sie schaute mit
kindlich naivem Blick durch das matte Bleiglasfens-
ter. Eine zierliche Perlenhalskette und eine nussgroße
Perle an ihrem linken Ohr tauchten die Konturen
ihres Kopfes in ein magisches Licht.

Sie hielt eine Laute in der Hand, die sie mit der
linken Hand stimmte, den Kopf leicht zur Seite ge-
beugt, um den leisen Schwebungen zwischen den Tö-
nen besser folgen zu können.

Hinter ihr hing eine riesige Europakarte an der
Wand. Die Spitze der unteren Kartenstange war ih-
rem Kopf so nahe, dass es aussah, als bohrte sie sich
in ihr Ohr.

Auf dem soliden Eichentisch vor ihr stapelten sich
Bücher und Noten mit Eselsohren, scheinbar achtlos
abgelegt. Einige befanden sich zusammen mit einer
Gambe auf dem Fußboden.

Nicht, dass der Raum unordentlich wirkte, doch
angesichts der untadeligen Kleidung und der strengen
Haartracht der jungen Frau hätte ich dieses Maß an
Nachlässigkeit nicht erwartet.

Eine merkwürdige Mischung aus vergangener
und zukünftiger Zeit.

Es war, als hätte man mich mitten in ein Stilllle-
ben katapultiert, und ich wagte nicht, es durch eine
vorschnelle Bemerkung zu stören.

Irgendwann sagte sie mit leiser Stimme, ohne ih-
ren Blick vom Fenster abzuwenden: »Ich wusste, dass

Ihr kommen würdet. Tretet näher und setzt Euch auf den Stuhl neben mir, den vor der Landkarte.«

Auf dem Stuhl lagen ein halbgestrickter Pullover, ein paar Wollknäuel und zwei lange Stahlstricknadeln. Ich legte die Sachen auf den Boden. Nur eine der Stricknadeln behielt ich in der Hand und ließ sie spielerisch durch die Finger gleiten.

Wir schwiegen eine Weile. Sie fuhr fort, die Laute zu stimmen.

Ich ließ den Blick durch den Raum streifen.

Erst jetzt bemerkte ich es.

Es lag auf dem Stuhl ihr gegenüber, einem Sessel, dessen Rücklehne mit zwei kunstvoll geschnitzten Löwenköpfen verziert war.

Zunächst hielt ich es für einen achtlos über die Lehne geworfenen Mantel. Doch dann bemerkte ich, dass der blaue Stoff so ausgebeult war, dass sich etwas Größeres unter ihm verbergen musste.

Ich wurde neugierig, doch ich traute mich nicht, sie daraufhin anzusprechen.

Vorsichtig versuchte ich, ein Gespräch ein Gang zu bringen. »Es wäre mir eine Ehre, wenn Ihr mir ein Lied zur Laute vortragen würdet.«

»Ich muss erst meine Laute stimmen.«

Wieder hantierte sie eine Weile an den Stimmwirbeln herum, bis ich einen zweiten Anlauf versuchte.

»Ist bestimmt nicht einfach, so ein empfindliches Instrument zu stimmen, nicht wahr?«

»Ja, in der Tat.«

»Ihr braucht bestimmt lange, bis es gestimmt ist, oder?«

»Ja. Ich stimme es schon seit über dreihundert Jahren.«

Sie sagte das so natürlich, dass ich keinen Grund hatte, ihre Aussage anzuzweifeln. »Dann seid Ihr wohl noch nie dazu gekommen, ein Lied auf der Laute zu spielen.«

»Nein. Und das stört mich auch nicht. Denn wenn ich aufhören würde zu stimmen, wäre meine Lebensgeschichte zu Ende.«

»Ah ja. Ich verstehe«, antwortete ich, obwohl ich nichts verstand. Wieder war ich meinem alten Fehler verfangen, aus Bequemlichkeit zuzustimmen, statt meine Meinung zu sagen.

Ich schämte mich plötzlich und hätte mich am liebsten hinter der großen Europakarte versteckt. Doch die durfte sich ja nicht bewegen, sonst würde die Spitze der Kartenstange ihr ins Ohr stechen.

Obwohl sie mir ihren Hinterkopf zuwendete, durchschaute sie mich.

»Nein, nein. Ihr müsst Euch mir gegenüber nichts vormachen. Ich weiß, dass Ihr mich nicht versteht. Ihr werdet mich erst verstehen, wenn Ihr das Zimmer verlassen habt, wenn Ihr wieder unten in der Schankstube unter den Leuten seid.«

Wieder glitten ihre Finger über die Stimmwirbel. Die Schwebungen, die sie dabei erzeugte, begannen für mich wie die herrlichste Musik der Welt zu klingen.

Ich lehnte mich beruhigt zurück. Doch das, was sich da unter der blauen Decke versteckte, ließ meine Gedanken nicht in Ruhe.

Plötzlich drehte sie den Kopf und sah mich direkt an.

»Ich kann verstehen, dass Ihr neugierig seid zu erfahren, was sich da unter dem Tuch verbirgt. Es ist

ja schließlich auch das, weswegen Ihr hierherge-
kommen seid.«

Wieder fuhr sie mit dem Stimmen ihrer Laute fort.

»Es sind Partituren ungeschriebener Musik. Ihr
liebt doch die Musik und spielt gern etwas Unbekanntes, nicht wahr?«

»Ja, mehr oder weniger. Mal das eine, mal das
andere. Nichts Besonderes.«

»Ich kenne Eure Musik. Die meisten Stücke gefallen mir nicht besonders, aber Ihr werdet immer besser.«

»Oh, danke für das Kompliment«, versuchte ich
es mit einem leicht ironischen Unterton. »Und diese
Noten da unter dem Stoff wollt Ihr mir geben, damit
ich lernen kann, wie man's besser macht?«

»Nein, denn es ist bereits Eure Musik.«

»Aber so viel habe ich doch noch gar nicht gespielt. Ihr wollt mit mir scherzen.«

»Nein, keineswegs. Es ist wirklich Eure Musik.
Doch Ihr kennt sie noch nicht, denn Ihr werdet sie
erst noch zum Klingen bringen. Unter dem Tuch verbirgt sich die Zukunft Eures Erfolgs.«

Ich war im ersten Moment sprachlos. Dann wollte ich ihr widersprechen, endlich mal aus meiner Ja-
sagerhaltung ausbrechen. Doch an dem Blick, mit
dem sie mich fixierte, merkte ich, dass sie die Wahrheit sagte.

»Darf ich sie denn mal sehen? Ich meine, würdet
Ihr mir einen Blick in die Noten gestatten?«

»Nein, natürlich nicht. Das käme aufs Gleiche
hinaus, als würde ich aufhören zu stimmen. Wünscht
Ihr das denn?«

»Nein. Ich wünschte zwar, einen Blick in die Noten zu werfen, aber jetzt sehe ich ein, dass es besser
ist, wenn dieser Wunsch nicht erfüllt wird.«

»Das ist gut.«

Für einen kurzen Moment unterbrach sie das
Stimmen der Laute und nickte mit dem Kopf zum
Fenster hin. »Zum Dank, dass Ihr beginnt, mich zu
verstehen, will ich Euch etwas zeigen. Stellt Euch
hinter mich und schaut aus dem Fenster hinaus.«

Wieder setzte sie das Stimmen fort. »Allerdings,
es ist etwas, das nur Ihr kennen dürft. Ihr müsst mir
versprechen, dass Ihr niemandem erzählt, was Ihr da
draußen sehen werdet.«

Ich stand auf und schaute zum Fenster hinaus.
Ich erschrak. Dort lag jemand, der meiner Mutter
ähnelte. Regungslos. Mit einem purpurfarbig befleck-
ten Brief in der Hand. Das Blut schoss mir in den
Kopf. Mein Herz raste. Mir wurde schwindelig.

Nachdem sich der kleine Anfall gelegt hatte,
stach ich der Lautenspielerin mit der Stahlnadel genau zwischen den ersten und zweiten Halswirbel.

Kurz und schmerzlos.

Sie brach sofort über ihrer Laute zusammen, die
einen trockenen Missklang von sich gab.

Dann stürzte ich zu dem Stuhl mit den beiden Löwenköpfen und riss die blaue Decke zur Seite.

Darunter lag keine einzige Partitur, nur ein Spiegel, in dem ich mein verzerrtes Antlitz sah.

Ich stieß den Spiegel zu Boden.

Er zerbrach in dreihundert Teile.

Als ich wieder in die Gaststube hinunterkam, war
der Raum nahezu menschenleer. Draußen dämmerte

es bereits. Dunkles Schweigen lastete zwischen den Stühlen.

Die Gruppe Taubstummer war verschwunden. Nur ein halb volles Glas mit Saft und einem Strohhalm stand auf einem der Tische. Der Ober hatte es beim Abräumen übersehen.

Er lehnte jetzt im Halbdunkel an der Theke, als war er Bestandteil des Mobiliars, und spülte seine Gläser. Er reagierte nicht, als ich wieder eintrat.

Ich setzte mich an den Tisch von vorhin und spielte mit meinem halb leeren Weinglas. Auch mein Freund war gegangen. Schade, ich hätte ihm gern von der Lautenspielerin erzählt, um über das Erlebte für mich selbst ins Klare zu kommen. Aber wahrscheinlich hätte er mir gar nicht zugehört, weil er sich nur für die Malerei interessierte.

Ich roch an dem Wein, doch jetzt mochte ich ihn nicht mehr.

Erst als hinter mir ein Stuhl rückte, bemerkte ich, dass am Nebentisch eine Dame unbestimmbaren Alters saß. Sie nippte an einem Glas Absinth und lächelte mir zu. Sie stand auf. Als sie an mir vorbeiging, beugte sie sich vor mein Ohr und flüsterte mir zu, als dürfte es niemand in dem menschenleeren Raum hören:

»Es ist spät geworden. Der Ober will für heute Schluss machen. Ihr aber müsst mir versprechen, dass Ihr niemandem erzählt, was Ihr da draußen gesehen habt.«

Dann verschmolz ihre Erscheinung mit der Dämmerung des Raums.

*

229

Refrain

Nach dem Applaus kehrte Aurelia auf die Bühne zurück. »Und nun, verehrtes Publikum, kommen wir zum nächsten Höhepunkt unserer heutigen Vorstellung: Donjas Tanz auf dem Hochseil. Ganz ohne Netz und doppelten Boden! Also, wer schwache Nerven hat, sollte jetzt lieber die Augen schließen.«

Quer über die Bühne hatte man in etwa zehn Meter Höhe ein Seil zwischen zwei Turmgerüsten gespannt. Künstlicher Nebel waberte über die Bühnenbretter, sodass die Zuschauer das Gefühl hatten, der Hochseilakt würde zwischen zwei Berggipfeln stattfinden.

Auf dem einen Turm saß Noëlle, ganz in schwarz gekleidet. Von unten war sie nicht zu erkennen, nur die blaue Geige leuchtete wie eine Mondsichel.

Auf der Plattform des anderen Turms erschien Donja, die mit ihren Füßen wie eine Ballerina trippelte. Sie trug ein farbenfrohes, klassisches Kleidchen, ein Tutu, und hielt einen zierlichen Sonnenschirm in der Hand. Sie lächelte, als sei es das Selbstverständlichste der Welt, auf einem dünnen Seil zu tanzen.

Die Zuschauer tuschelten. Wird sie es schaffen? Die Erwachsenen reckten die Hälse vor, schließlich ist es nicht alltäglich, eine waghalsige Akrobatin aus nächster Nähe zu erleben. Ein paar Kinder, die es geschafft hatten, sich bis an den Bühnenrand vorzukämpfen und die sich krampfhaft an der vordersten Holzlatte festhielten, starrten mit offenen Mündern nach oben.

Noëlle begann, einen mitreißenden Säbeltanz zu spielen. Geschickt folgte Donja der Melodie und glitt geschmeidig von einem Ende des Seils zum anderen. Dann streckte sie ein Bein zur Seite und vollführte eine Drehung, die wie eine Pirouette aussah. Schließlich wagte sie ein paar Sprünge.

Plötzlich schien sie danebengetreten zu sein. Das Seil schwankte bedenklich, und Donja ruderte mit dem Schirm hin und her, als würde sie das Gleichgewicht verlieren.

Die Menge schrie auf.

Jetzt wird sie stürzen!

Noëlle spielte die Musik unbekümmert weiter. Sie ahnte, dass da beinahe etwas schiefgelaufen wäre. Doch rasch hatte die Seiltänzerin wieder Fuß gefasst und wagte noch kühnere Sprünge.

Das Publikum applaudierte nun begeistert nach jeder Drehung.

Die Kleine wird's schaffen!

Beim Schlussakkord der Musik landete Donja nach einem besonders akrobatischen Sprung mit einem Knie auf dem Seil. Sie lächelte die Zuschauer an, die sich jetzt vor Begeisterung nicht mehr halten konnten. Dann ergriff sie ein Tau, das von der Decke heruntergelassen wurde, und hangelte sich geschickt auf den Bühnenrand herab, wo sie sich galant verbeugte.

»Bravo! Tapfer! Gut so!«, riefen die Leute. Donja drehte noch ein paar Pirouetten und verschwand hinter dem Vorhang, der sich vor ihr schloss.

*

Couplet 4

Der Tag begann mit einem Nieselregen, der an windigen Straßenecken für eine dünne, flüchtige Eisschicht sorgte. Eleonora stand frierend am Hintereingang des Zirkus und wartete nun schon eine halbe Stunde auf León. Sie presste eine Tageszeitung an die Brust, um sich ein wenig vor der Kälte zu schützen.

Endlich erschien er, gekleidet wie ein englischer Geschäftsmann. Tweedjackett mit aufgesetzten Taschen, am Knie gebundene Knickerbocker, Ledergamaschen und niedrige Stiefel. Mit einem englischen Hut, einem dunkelbraunen Bowler aus steifem Filz, schützte er sich vor dem Regen.

»Tut mir leid, ich wurde in unerquicklichen Dingen aufgehalten.«

Schlecht gelaunt und kurz angebunden zerrte er Eleonora in den Flur des Theaters. Der Pförtner nickte nur kurz, als die beiden passierten. Er schien León zu kennen. Zielstrebig steuerte León durch das Labyrinth von mit Requisiten verstellten Gängen und namenlosen Türen, bis er an einer unscheinbaren Tür am Ende eines Flurs stehen blieb.

»Das ist die Garderobe von Abel, dem Kopf der Artistenfamilie. Dem musst du das Geld überreichen. Aber lass dich nicht von seiner Bescheidenheit beeindrucken. Sag, du würdest das Geld dem Zirkusdirektor aushändigen, wenn er es nicht annehmen wollte. Das wird ihn überreden, denn die beiden mögen sich nicht besonders.«

»Du kennst dich hier gut aus, nicht nur in den Räumen, sondern auch bei den Menschen. Kennst du sie näher?«

»Das spielt jetzt keine Rolle. Frag nicht so viel. Klopf an die Tür, ich halte mich im Hintergrund und führe dich dann wieder zurück.«

Auf Eleonoras Klopfen erfolgte keine Reaktion. »Dann sind sie bestimmt im Saal auf der Bühne und proben«, erklärte León mürrisch. »Komm mit, ich kenne den Weg.«

Sie betraten den Saal durch einen Seiteneingang gleich neben der Bühne. Niemand war anwesend. Das menschenleere Theaterrund machte einen gespenstigen Eindruck. Durch die schmalen Ritzen der Fensterverkleidungen drang nur spärliches Licht, und da es draußen ohnehin nicht besonders hell war, herrschte im Raum ein bedrückendes Halbdunkel. Nur ein schmaler Lichtstrahl beleuchtete die hinteren Sitzplätze, weil die Eingangstür zum Saal einen Spalt weit offen stand.

Auf dem Boden lagen noch ein paar achtlos liegengelassene Programmzettel von der gestrigen Vorstellung. Eleonora hob einen auf.

»So ein Zufall! Ist das nicht die Geigerin aus Lübeck, die auch letztens in Berlin auftrat?«

»Mag sein, ich habe nicht darauf geachtet«, antwortete León ausweichend.

»Das würde ich mir gern mal ansehen. Kommst du mit? Ich lade dich ein.«

»Nein, nein, das geht nicht. Morgen in aller Frühe muss ich nach Paris weiterreisen.«

»Du willst mich schon wieder verlassen?« Sie schmiegte sich Wärme suchend an ihn. »Oder nimmst du mich mit? Bestimmt hast du in Paris auch so einen Coup geplant. Ich könnte dir helfen. Mich fasziniert, was du machst.«

León wehrte mit einer sanften Geste ab. »Nein, bitte lass mich in Ruhe. Ich habe keine Pläne, die dich interessieren könnten. Im Übrigen fürchte ich, du täuschst dich in mir. Du kennst mich nicht wirklich.«

Eleonora stampfte wütend mit dem Fuß auf. »Vielleicht kenne ich dich besser, als dir lieb ist.«

Sie warf die Zeitung auf den Bühnenrand. »Hier, lies das. Und dann frag mich besser nicht, was ich von dir halte!«

Mord in der Vorstadt

Gestern fand man im Obergeschoss des Wirtshauses hinter dem Augarten die Leiche einer Zigeunerin, einer stadtbekannten Wahrsagerin. Sie wurde durch den Stich einer Stahlstricknadel in den Halsnacken getötet. Der Tat muss ein heftiger Streit vorausgegangen sein, denn ein zerbrochener Spiegel lag auf dem Boden. Die Polizei verhaftete einen Kellner, der sich in widersprüchliche Aussagen verwickelte. Das Lokal bleibt bis zur endgültigen Klärung des Falls geschlossen.

Kaum hatte León zu Ende gelesen, stieß er Eleonora so heftig gegen den Bühnenrand, dass es sie schmerzte.

»Was soll das«, schrie er. »Willst du mir das ankreiden, nur weil ich dir neulich eine Geschichte erzählt habe, die so ähnlich klingt? Das war ein Traum. Wahrscheinlich bin ich mit hellseherischen Fähigkeiten ausgestattet. Wenn du kein Vertrauen zu mir hast, dann möchte ich nicht, dass du hinter mir her reist.

Am besten du gehst deinen Weg und ich den meinigen.«

»Aber ich liebe dich, León. Hast du das immer noch nicht begriffen? Ich habe deinetwegen meine Lübecker Vergangenheit aufgegeben. Ich habe Schuld auf mich geladen, weil ich mich freiwillig zum Werkzeug deiner illegalen Pläne gemacht habe. Ich kann nicht mehr zurück. Wenn du mich verstößt, wäre das mein Ende.«

»Jetzt wirst du theatralisch. Stell dich oben auf die Bühne und spiel dort deine Tragödie weiter. Das Publikum wird dir applaudieren. Aber lass mich aus dem Spiel.«

Er drehte sich um und verschwand so plötzlich, als hätte ihn der Boden verschluckt. Mit einem höhnischen Lachen rief er in das diffuse Halbdunkel hinein: »Schluss! Du weißt zu viel über mich.«

Eleonora blieb eine Weile wie erstarrt am Bühnenrand stehen. Dann stieß sie einen erschütternden Schrei aus und stürzte durch den Mittelgang zur Eingangstür. Vor lauter Verzweiflung rannte sie wie eine Blinde auf die Straße.

Der Kutscher konnte auf der spiegelglatten Straße weder bremsen noch ausweichen. Mit aufgeschlagenem Hinterkopf blieb Eleonora am Bordstein liegen.

Zufällig war Donja als Erste zur Stelle. Die Artistenfamilie hatte in der Innenstadt ein paar Kunststücke aufgeführt, um sich ihre Kasse aufzufüllen, und Donja war zurückgeeilt, um die Bühne im Zirkus wieder aufzuräumen.

Als sie sich über die Tote beugte, entdeckte sie einen Brief, der halb aus ihrer Manteltasche hervorlugte. Auf dem Umschlag stand:

Für Abel und seine Artistentruppe, von einem anonymen Bewunderer Eurer hohen Kunst.

*

Refrain

Abel öffnete den Vorhang zur letzten Nummer. »Nun kommen wir zum letzten Höhepunkt des heutigen Abends. Das ist für uns Artisten immer auch gleichzeitig der Moment, Abschied zu nehmen. Und so ziehe ich mich mit einem lachenden und einem weinenden Auge zurück. Freuen Sie sich auf Aurelia und ihre sensationelle Pferdeschau, begleitet von Noëlle mit ihrer blauen Geige.«

Die Zuschauer begannen aufgeregt zu tuscheln. Der Zirkus Renz war für seine Pferdevorführungen bekannt. Mal sehen, welche Sensationen diesmal geboten wurden.

Die Bühne war leer und lag im Halbdunkel. Wie aus dem Nichts heraus erklang aus der Kuppeldecke eine einschmeichelnde Geigenmelodie, als käme sie aus dem Himmel. Es war unheimlich, denn von der Musikerin war nichts zu sehen.

Nach einer Weile erschien Donja. Mit ihrem halbdurchsichtigen, gelben Spitzenrock, den sie über einer blauen Pumphose trug, ihrem bauchnabelfreien Oberteil und dem Käppchen, an dem ein ebenfalls gelber Schulterschleier befestigt war, sah sie wie eine orientalische Märchenprinzessin aus.

Die scheinbar aus dem Nichts kommende Musik ging über in einen temperamentvollen Csárdás.

236

Ein seitliches Bühnenlicht konzentrierte sich auf Donja. Sie trieb zwei weiße Araberhengste auf die unmittelbar am Bühnenrand mit Sägespänen markierte Laufbahn und ließ sie im Rhythmus der Musik von der Mitte der Bühne aus an der Leine im Kreis galoppieren. Es war ein majestätischer Anblick. Das Publikum applaudierte.

Dann öffnete sich das Bühnenlicht. Aurelia erschien Salto drehend auf der Bühne. Sie war wie eine jugendliche Balletttänzerin gekleidet, niemand ahnte ihr wirkliches Alter. Geschickt verließ sie die Bühne mit einem hohen Sprung und kam mit beiden Beinen auf einem der Pferde zu stehen, die zur richtigen Zeit an der richtigen Stelle vorbeigaloppierten.

Eine beachtliche akrobatische Leistung. Die Zuschauer klatschten begeistert. Aurelia griff den bereitliegenden Zügel des Tieres und vollführte auf seinem Rücken elegante Tanzbewegungen. Donja musste sich konzentrieren, denn von ihrer Leinenführung hing es ab, dass sich die Pferde gleichmäßig bewegten. Als Nächstes musste sie dafür sorgen, dass sie genau nebeneinander liefen. Aurelia setzte einen Fuß auf den Rücken des zweiten Pferdes hinüber, erhaschte auch dessen Zügel und ritt eine Runde mit gespreizten Beinen, als wäre sie mit den Tieren verwachsen.

Dann nahm Aurelia die beiden Zügel in die eine Hand und warf mit der anderen Kusshändchen ins Publikum, das sie förmlich zum Beifall aufstachelte.

Donja verinnerlichte den Applaus, als gälte er auch ihr. Und das war durchaus berechtigt, denn ohne ihre zuverlässige Arbeit wäre Aurelia sicherlich gestürzt. Doch die Konzentration bereitete ihr heute große Mühe. Plötzlich spürte sie heftige Kopfschmerzen in der linken Gehirnhälfte. In ihren Ohren klingelte ein schriller Ton, der in Wirklichkeit nicht existierte.

Ihre Arme begannen zu zittern, und zwischen den Augen flimmerte auf ihrer Stirn ein Farbkreisel, der sich so schnell drehte, dass er sie fast wahnsinnig machte. Sie war versucht, die Leine eines der Pferde loszulassen, um sich mit der Hand über das Gesicht zu wischen. Doch sie wagte es nicht, denn das wäre das Ende der Vorstellung gewesen.

Gott sei Dank gab Aurelia im letzten Moment das verabredete Zeichen, mit dem der Auftritt beendet werden sollte. Die Artistin setzte sich wieder auf eines der Pferde und führte das andere am Zaum hinter sich her.

Donja durfte jetzt die Leinen loslassen. Der aufbrausende Beifall machte sie noch benommener, als sie ohnehin schon war. Vor ihren Augen drehte sich alles. Wie ein Betrunkener torkelte sie zum Bühnenausgang. Dort wurde sie von Abel empfangen. Der hatte sofort bemerkt, dass irgendetwas mit seiner Tochter nicht stimmte. Er führte sie rasch hinter die Bühne und nahm sie behutsam in den Arm.

»Was ist passiert? Fühlst du dich nicht wohl?«

Donja lehnte ihren Kopf an seine Schulter und begann zu weinen. Sie brauchte eine geraume Zeit, um sich wieder so weit zu fassen, dass sie ansprechbar war.

»Entschuldige bitte, in meinem Kopf spukte es wie in einem Zauberkasten. Ich konnte mich nicht dagegen wehren. Es ist ... - Ich musste vorhin mit ansehen, wie eine Frau unter die Räder einer Kutsche

kam. Sie war sofort tot. Das hat mich völlig fassungs-
los gemacht. Meinen Hochseilakt vorhin habe ich
noch einigermaßen durchstehen können, da war für
einen Moment alles weit weg von mir. Doch jetzt auf
der Bühne, im Lampenlicht, all die starrenden Menschen, da hatte ich plötzlich große Schwierigkeiten,
die Pferdeleinen zu halten.«

»Das hast du trotzdem gut gemacht. Ich kann dich
verstehen. Es ist nicht einfach, wenn man mit einem
tödlichen Unfall konfrontiert wird, das schlägt aufs
Gemüt. Doch das Wichtigste für einen Artisten ist es,
sich seine persönlichen Stimmungen nicht anmerken
zu lassen. Und du hast gezeigt, dass du ein Profi
bist.«

»Da ist noch etwas, was mir die ganze Zeit durch
den Kopf ging. Ich hatte bislang noch keine Gelegenheit, es dir zu sagen.« Sie zeigte ihm den Brief, den
die Verunglückte bei sich trug. »Das hier fand ich in
ihrer Jackentasche. Eigentlich darf man fremde Sachen nicht so einfach einstecken, aber als ich sah,
dass der Brief ohnehin für uns bestimmt war, nahm
ich ihn mit. Nur du bist berechtigt, ihn zu öffnen.«

Als Abel eine Ecke des Briefs aufriss, sah er, dass
er voller Geldscheine war. Ohne weiter nachzudenken, steckte er das Geld in seine Jackentasche. Die
Gage beim Zirkus Renz war dürftig genug, da kam
der Geldsegen gerade zur rechten Zeit.

Aus dem Saal drang Beifall herüber. Aurelia hatte
noch ein paar Pferdekunststücke ohne Donjas Hilfe
ausgeführt und kam nun mit den beiden Arabern hinter die Bühne.

»Sebastian und Donja, euer Auftritt!«

Sebastian war mit einem weiten weißen Hemd, einer hellblauen Pumphose, einer goldbestickten Weste, einem gleichfarbigen breiten Hüftschal und einem dunkelblauen Turban bekleidet. Wie Aladin in dem Märchen aus 1001 Nacht.

Die beiden stürmten auf die Bühne und fügten sich tanzend in Noëlles Himmelsmusik ein. Von Donjas Tränen war nichts mehr zu sehen. Abel verfolgte ihren Auftritt vom hinteren Bühnenrand aus. Er war stolz auf seine beiden Kinder.

»Sind schon richtige Artisten geworden«, flüsterte er seiner Frau zu. Doch Aurelia achtete nicht auf ihn. Sie musste sich jetzt auf Noëlles Auftritt konzentrieren, bei dem sie eine wichtige Rolle spielte.

Sie löste eine Leine und gab sie Hand über Hand vorsichtig frei. Über einen komplizierten Flaschenzug schwebte Noëlle langsam von der Kuppeldecke bis auf halbe Höhe herab, ohne ihr Geigenspiel zu unterbrechen. Sie war ganz in weiß gekleidet und saß auf einem Holzbrett, das wie ein Schaukelpferd aussah.

An ihrem linken Ohr hing ein auffällig glitzerndes Perlenohrgehänge.

Als sie in das Bühnenlicht tauchte, intonierte sie eine Paganini-Caprice. Die blaue Geige leuchtete auf die beiden Tänzer unter ihr herab, die der virtuosen Musik mit artistischen Bewegungen folgten. Die Zuschauer wussten nicht, wen sie mehr bewundern sollten, die halsbrecherischen Kapriolen der Tänzer oder die sensationelle Fingerfertigkeit der Musikerin.

Beim langsamen zweiten Satz der Caprice ließ Aurelia das Schaukelpferd so weit auf die Bühne herab, dass Noëlle die Bühnenbretter fast mit den Füßen berührte. Dann begann Aurelia, das Holzpferd mithil-

240

fe einer weiteren Leine langsam in Schaukelbewegungen zu versetzen. Die beiden Märchenkinder aus 1001 Nacht tanzten geschickt um Noëlle herum, ohne die Pendelbewegung zu stören.

Der dritte Satz war der musikalische Höhepunkt. Sebastian und Donja traten zur Seite und überließen Noëlle das Feld. Doppelgriffe, Flageoletts, Arpeggien, Ricochets und fliegende Stakkati wechselten sich in atemberaubender Folge ab. Der Bogen tanzte auf der Geige, als hätte er die Schwerkraft überwunden.

Zusätzlich ließ Aurelia die Schaukel immer höher auspendeln. Bald schwebte Noëlle über den Köpfen des Publikums, und ihr Geigenspiel füllte den Raum mit einer mächtigen, sich akustisch verzahnenden Klangwolke.

Die ganze Zeit über hatte sie die Augen geschlossen gehalten, um sich auf die Musik zu konzentrieren. Doch während eines etwas ruhigeren Zwischenspiels wagte sie es, aufs Publikum hinunterzuschauen.

Plötzlich entdeckte sie die beiden. Julius Milde saß in der dritten Reihe und verfolgte ihr Spiel mit offenem Mund. Wo Milde war, konnte Clas nicht weit sein. Doch neben ihm saß nicht Clas, sondern Balthasar Silbermann, der merkwürdige Musikalienhändler, dem sie den Besitz der blauen Geige verdankte. Er lächelte ihr mit seinem stechend hypnotisierenden Blick zu.

Sofort kam Noëlle aus dem Konzept. Sie verspielte sich und stieß mit der Bogenhand gegen die rechte Schaukelleine.

Die Schaukel kam aus dem Gleichgewicht. Noëlle rutschte aus dem Schaukelpferd heraus und fiel krachend auf die Bühnenbretter. Dabei klappte der Steg der Geige um, was einen hässlich brutalen Knall auslöste.

Das Publikum kreischte auf. Hat sie sich verletzt? Gott sei Dank nein, denn Noëlle rappelte sich benommen auf, sammelte die Bruchstücke ihrer Geige auf und verschwand durch den rückwärtigen Bühnenausgang. Sebastian und Donja waren geistesgegenwärtig genug, um den Vorhang schnell zu schließen.

Schon wollte Abel vortreten, um sich für den Zwischenfall zu entschuldigen, da betrat Balthasar Silbermann die Bühne, eine heruntergekommene graubraune Geige in der Hand.

Als sei nichts vorgefallen, spielte er die Paganini Caprice dort weiter, wo Noëlle unfreiwillig aufgehört hatte.

Genauso virtuos wie sie.

Die Zuschauer klatschten begeistert Beifall. Sie nahmen den Zwischenfall wie selbstverständlich als eingeplanten Höhepunkt der Schau. Toller Trick, das mit der inszenierten Panne.

Nur der kleine Junge aus dem ersten Stock des Bürgerhauses schräg gegenüber vom Theater war traurig. Schade, dass die märchenhafte Geigerin nicht wieder auf die Bühne zurückkam.

Dabei hatte alles so schön angefangen.

Kapitel 7 - Finale

Der Zugschaffner wollte die Frau zuerst nicht in den Waggon erster Klasse einsteigen lassen. Mit dem zerrissenen weißen Kleid, dem wirren Haar, den blutigen Kratzern im Gesicht und dem Geigenkasten unterm Arm sah sie wie eine heruntergekommene Straßenmusikerin aus. Doch als Noëlle ihre Fahrkarten vorzeigte, sie hatte gleich ein ganzes Abteil nur für sich gebucht, und als sie ihm ein fürstliches Trinkgeld in die Hand drückte, änderte er seine Meinung.

Wahrscheinlich wieder so eine exzentrische Künstlerin, die mit der Welt nicht fertig wird. Man muss sie während der Fahrt unter Beobachtung halten. Verzweiflung und Gereiztheit spiegelte sich in ihren Augen. Sie wirkte wie ein verletztes, in die Enge getriebenes Raubtier.

Wer weiß …

Doch bald merkte der Schaffner, dass von der Frau keine Gefahr für die Mitreisenden ausging. Sie bestellte eine Flasche Cognac und verpestete ihr Abteil mit dem Dunst kubanischer Habanos. Während der langen Reise verließ sie ihr kleines Reich kein einziges Mal. Nicht einmal Essen aus dem Speisewaggon ließ sie sich bringen.

Für den Wachmann, der im Lübecker Bahnhof für Ruhe und Ordnung zu sorgen hatte, war die Tatsache, dass die Frau aus dem Waggon der ersten Klasse ausstieg, Passierschein und Freibrief zugleich. Sollen die Damen aus den höheren Kreisen doch rumlaufen wie sie wollen.

Den schmalen Durchgang zwischen den zwei windschiefen Backsteinhäusern im Burgtorviertel fand Noëlle sofort, obwohl er diesmal stockdunkel war. Wieder drangen aus dem Hinterhaus Geigenklänge, die an eine Glasharfe erinnerten. Ansonsten war keinerlei Anzeichen von Leben zu spüren.

Ein paar Kerzen beleuchteten die Schaufenster des Musikalienhandels im Hinterhof. Sie waren leer geräumt, nur ein paar tote Fliegen lagen in den Ecken.

Als Noëlle eintrat, klingelte entfernt die Ladenglocke. Die wenigen Kerzen, deren Licht sich in den vielen Wandspiegeln brach, tauchten den Verkaufsraum in ein unbestimmbares Licht, in dem die von der Decke hängenden Geigen wie Tropfsteingebilde aus einer längst vergangenen Zeit aussahen.

Kaum hatte Noëlle den Laden betreten, hörte die Musik im Obergeschoss auf. Herr Silbermann stand plötzlich hinter dem Ladentisch, ohne dass sich eine Tür geöffnet hatte.

Der kleine Mann mit dem silbernen Haar lächelte. Er roch nach Kautabak.

Wie damals.

»Suchen Sie etwas Bestimmtes?«

Noëlle legte den Geigenkasten auf den Tisch und öffnete ihn. »Nein, ich suche nichts. Es geht um eine Reparatur. Mein Instrument ist mir aus der Hand geglitten. Schauen Sie mal, was sich da machen lässt.«

Doch Silbermann beachtete die Geige nicht. Er schaute Noëlle nach wie vor aufmerksam an. Mit einem freundlichen Lächeln wich er ihrer Bitte aus.

»Sie frieren. So können Sie in dieser Jahreszeit nicht rumlaufen.«

Er griff zu einer marineblauen Jacke, die an einem Kleiderständer gleich neben dem Tresen hing. Sie machte einen neuwertigen Eindruck.

»Hier, ziehen Sie sich das über. Nicht dass Sie sich den Tod holen.«

Noëlle war so verblüfft, dass sie ohne Zögern sein Angebot annahm. Die Jacke passte ihr wie angegossen, als hätte sie sie schon immer getragen.

Dann nahm Silbermann die blaue Geige und hielt sie, als wäre sie schwer wie ein Ziegelstein. Er brauchte lange, um sie von allen Seiten zu begutachten. »Ein schönes Instrument. Doch wie es scheint, liegt das Problem weniger am Instrument als an seinem Besitzer. Ich fürchte, es ist in die falschen Hände gekommen.«

Er legte das Instrument zurück in den Kasten. Dann fügte er nur ein einziges Wort hinzu.

»Leon.«

Noëlle erstarrte für einen Moment, als hätte sie der viele Cognac während der Zugfahrt betäubt.

»Woher … Wieso wissen Sie …?«

»Es bedarf nicht viel Fantasie, den Namen umzukehren. El León - Noëlle.«

Für Noëlle schien die Welt für ein paar Sekunden stehen zu bleiben. Vor ihren Augen legte sich für einen Moment ein roter Schleier. Als er verblasste, griff sie in ihre Manteltasche und zog einen Revolver mit einem kunstvoll verzierten Elfenbeingriff hervor.

Sie feuerte ihn auf Silbermann ab, bis das Magazin leer war.

Der Spiegel an der Wand zerbarst in dreihundert Teile.

Von irgendwo her ertönte Silbermanns höhnisches Lachen.

Außer sich vor Wut warf Noëlle den Revolver ihm nach und stieß dabei die Kerze auf dem Ladentisch um.

Die blaue Geige und der Geigenkasten fingen sofort Feuer, das sich rasch im Raum ausbreitete.

Mit angesengten Haaren und mit Brandflecken im weißen Kleid entfloh sie der Hölle so schnell sie konnte.

Merkwürdigerweise hatte die marineblaue Jacke nichts von dem Inferno abbekommen.

*

An diesem Tag schien es, als wären die schweren, tief liegenden Wolken an den Spitzen der Holstentortürme stecken geblieben, um ihre feuchte Last eimerweise auf die Stadt herunterschütten zu können.

Der Vorarbeiter hatte schlechte Laune, nicht nur wegen des miesen Wetters, sondern auch, weil er zu einer Arbeit abkommandiert wurde, die ihm nicht besonders gefiel: Das verrottete Holstentor für die Renovierungsarbeiten vorzubereiten. Eigentlich hätte man die Ruine gleich abreißen sollen. Das hätte viel Mühe und Geld gespart.

»Als Erstes beseitigt ihr das Gestrüpp rund um das Tor«, befahl er den beiden Hilfsarbeitern. »Dann räumt ihr alles raus, was nach Plunder und Unrat aussieht. Ob die Zwischenwände und Decken stehen bleiben, entscheiden wir später. Also ran an die Arbeit!«

Nachdem die Arbeiter das verwilderte Gestrüpp am Südturm entfernt hatten, entdeckten sie eine unscheinbare Kellerluke. Sie führte in einen dunklen Raum voller Gerümpel. Die Männer brauchten lange, bis sie das Zeug herausgeschafft hatten.

Dann stiegen sie eine rechtsdrehende Wendeltreppe hinauf in das erste Stockwerk. Aufgeschreckte Tauben flogen auf. Es roch bestialisch nach Urin und nach den Folgen der Brandstiftung vor ein paar Monaten.

Fast wäre einer der Arbeiter über die leblos in einer Ecke liegende Gestalt gestolpert.

»Verdammt, hier liegt ´ne Leiche!«

Eine verwahrlost wirkende Frau in einem weißen, von Brandflecken übersäten und zerrissenen Kleid, sowie einer marineblauen Jacke, die im Kontrast dazu aussah, als wäre sie gestern in einem Modegeschäft gekauft worden.

Der Kollege eilte hinzu und hielt seine Grubenlampe vor das Gesicht der Unbekannten.

Die Flamme zitterte leicht.

»Die lebt noch!«

Er träufelte der Frau etwas Wein aus seiner Proviantflasche in den Mund, der kaum merklich zu zucken begann.

»Rasch, wir müssen sie hinausschaffen und die Polizei benachrichtigen.«

*

Clas streifte ziellos durch die Straßen. Ich hätte ihr mehr vertrauen müssen. Es war ein Fehler, sich so egoistisch in ihre Persönlichkeit einzumischen. Sie hat ihr absolutes Recht, den eigenen Weg zu gehen, da hätte ich ihr nicht im Wege stehen dürfen. Doch nun ist es zu spät. Wer weiß, was aus ihr geworden ist. Und niemand steht jetzt an ihrer Seite und tröstet sie.

Er durchsuchte alle Orte, die sie früher gemeinsam besucht hatten, in der Hoffnung, Noëlle wiederzufinden.

Wiederholt war er auch am Holstentor vorbeigekommen. Doch als er heute durch das Tor schritt, bemerkte er, wie zwei Bauarbeiter vorsichtig eine scheinbar leblose Person auf den mit Unkraut überwucherten Vorplatz legten. Sie benutzen eine blaue Jacke, um sie vor dem feuchten Boden zu schützen.

Neugierig näherte er sich. Doch das war nicht Noëlle. Die zerlumpte Kleidung, die wirren, verklebten Haare. Das gealterte, eingefallene Gesicht, das man vor lauter Ruß und Dreck nicht richtig erkennen konnte.

»Stehen Sie hier nicht herum!«, schnauzte ihn ein Arbeiter an. »Hier ist nichts zu sehen. Wir sind hier nicht im Theater. Helfen Sie lieber. Sie könnten wenigsten ihren Mantel opfern, um die arme Person zu wärmen.«

Clas zog seinen Mantel aus und breitete ihn über der Fremden aus. Der Regen durchnässte ihn sofort.

Clas fror und begann am ganzen Körper zu zittern.

Dann sah er es.

Die Frau umklammerte einen Gegenstand mit ihrer rechten Faust. Vorsichtig löste er die Finger.

Die Januskopfpuppe, die er oft genug auf dem Nachttisch hat liegen sehen.

Mein Gott, Noëlle, bist du gealtert! Beinah hätte ich dich nicht wiedererkannt.

In diesem Moment kam der Rettungswagen, den die Arbeiter angefordert hatten.

»Ich kenne diese Frau«, erklärte Clas. »Sie ist meine Braut. Eine lange Geschichte, doch es ist jetzt nicht an der Zeit, sie zu erzählen. Am besten, wir bringen sie sofort in unsere gemeinsame Wohnung, oben beim Burgtor.«

*

Es dauerte Wochen, bevor Noëlle dank Clas Pflege wieder ansprechbar war. Inzwischen war Post aus Wien angekommen. Von Émile Fouqué. Der Pariser Wintergarten würde sich freuen, die berühmte Frau mit der blauen Geige für eine Gastspielsaison zu verpflichten. Geld spiele keine Rolle. Anbei das Perlenohrgehänge, das sie bei ihrer überstürzten Flucht aus Wien verloren hatte. Mit lieben Grüßen und der Hoffnung auf ein baldiges Wiedersehen.

Clas zerriss den Brief und warf ihn in den Ofen. Das kostbare Schmuckstück schenkte er dem erstbesten Bettler, der seinen Weg kreuzte. Bevor der gute Mann sein unerwartetes Glück verkraften konnte, war Clas längst über alle Berge.

»Wo bin ich?«, war der erste Satz, der Noëlle über die Lippen kam.

»Zuhause.«

»Wer bist du?«

»Ein Fremder, der es gut mit dir meint.«

»Wer bin ich?«

»Eine Neugeborene, die zum ersten Mal in unsere Welt tritt.«

»Und mein Name?«

»Dein Name? Namen sind austauschbar wie die Kerzen eines Kronleuchters. Nicht der Name ist wichtig, sondern das, was in ihm steckt.«

»Und was steckt in mir?«

Clas brauchte sehr lange, bis er eine passende Antwort fand.

»Bald ist Weihnachten, *Noëlle* auf Französisch. Ich werde dich Noëlle nennen.«

»Noëlle? Diesen Namen habe ich noch nie gehört. Aber er klingt schön. Gut, ich freue mich, dass du mich Noëlle nennen willst. - Du gefällst mir. Und wie nennt man dich?«

»Clas. Ganz einfach nur Clas. Da steckt nichts hinter.«

»Jetzt lügst du mich an. Eben hast du gesagt, hinter jedem Namen steckt etwas. Und nun soll das nicht mehr gelten?«

»Doch, schon. Nur, mein Name ist nicht der Rede wert. Er hat keine tiefere Bedeutung.«

»Und was wird nun mit mir?«

Für einen Moment war Clas versucht, ihr die Januskopfpuppe zu zeigen, um ihr zu helfen, die Erinnerung zurückzufinden. Doch dann entschied er sich anders.

Vielleicht ist es für uns beide besser, ein völlig neues Leben anzufangen. Ganz von vorn. Ohne Émile. Fern von Berlin, Wien und Paris. Und ohne eine blaue Geige.

»Du kannst mir bei meiner Arbeit helfen. Ich bin Journalist, und ich könnte jemanden an meiner Seite gut gebrauchen.«

Er ging zum Fenster und öffnete es. Über den Hinterhof drangen Küchengerüche und der Gesang einer Frau.

Noëlle begann, die Melodie mitzusummen. »Weißt du was? Ich könnte singen lernen. Ich glaube, ich habe Talent.«

Mit einer hastigen Bewegung schloss Clas das Fenster wieder. Erschrocken murmelte er vor sich hin.

»Nicht schon wieder …«

Am nächsten Tag warf er den Januskopf in die Trave. In den Wellen schaukelnd verschwand die Holzfigur schnell aus seinem Blickfeld.

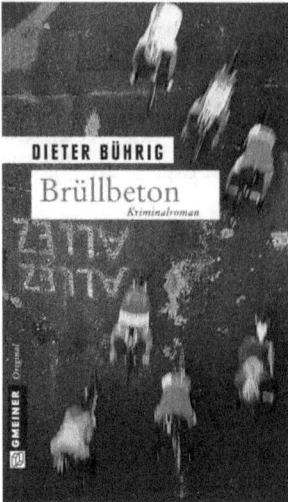

Dieter Bührig
Brüllbeton
Gmeiner-Verlag
www.gmeiner-verlag.de
ISBN 978-3-8392-1418-3
218 Seiten, 12 x 20 cm
Paperback; 9,99 €

»Ein ungewöhnlicher Krimi, rasant wie die Tour de France, mit überraschenden Etappenzwischenspurts!«

In Lübeck wird bei der Sanierung der als Brüllbeton in Verruf geratenen Fahrbahndecke auf der Ostseeautobahn eine Leiche entdeckt. Es ist ein Drogenkurier, dem Dopingkapseln im Magen zum Verhängnis wurden. Schnell gerät »Beton-Müller«, der Chef der Baufirma, Verdacht. Doch wenig später findet man auch ihn tot auf, den Rachen gefüllt mit Dopingkapseln. Alles sieht nach einem Konkurrenzkampf unter Drogenbanden aus, bis Kriminalhauptkommissar Kroll etwas in Beton-Müllers Privatleben aufspürt, das dem Fall eine überraschende Wendung gibt ...

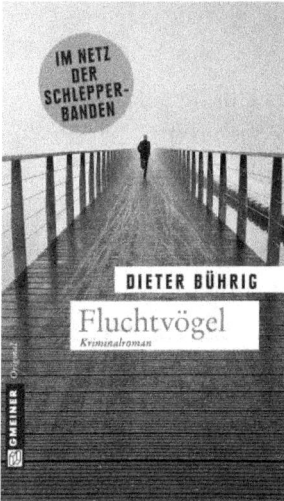

Dieter Bührig
Fluchtvögel
Gmeiner-Verlag
www.gmeiner-verlag.de
ISBN 978-3-8392-1516-6
243 Seiten, 12 x 20 cm
Paperback; 9,99 €

»Zeitgeschichte spannend und hautnah.«

Was hat die Leiche eines Schwarzafrikaners in einem Kühlwagen zu tun mit der Insassin einer Pflegeanstalt für psychisch Kranke, die vor 25 Jahren nach einem schweren Unfall das Gedächtnis verlor? Auf den ersten Blick nichts. Doch als der Lübecker Kriminalhauptkommissar Kroll herausfindet, dass es in beiden Fällen um Fluchtversuche geht, wird er in einen Fall verwickelt, der ihn fast das Leben kostet.

Dieter Bührig
Der Klang der Erde
Gmeiner-Verlag
www.gmeiner-verlag.de
ISBN 978-3-8392-1219-6
270 Seiten, 12 x 20 cm
Paperback; 12,90 €

»Ein historischer Roman zum 100. Todestag von Gustav Mahler. Düster, atmosphärisch, mitreißend!«

Der Geiger Max Auerbach hat nach dem Scheitern seiner Ehe eine Anstellung beim Lübecker Stadtorchester unter Leitung des jungen Dirigenten Wilhelm Furtwängler gefunden. Als der glühende Verehrer Mahlers im Mai 1911 vom Tod des Wiener Meisters erfährt, verliert er jeden Halt: Auerbach entwickelt eine gefährliche Persönlichkeitsstörung. Er nimmt einen Doppelgänger wahr, der ihm aufträgt, in München die Orchesterpartitur von Mahlers »Lied von der Erde« zu stehlen und den Dirigenten der Uraufführung, Bruno Walter, zu töten ...

Dieter Bührig
Schattenmenagerie
Gmeiner-Verlag
www.gmeiner-verlag.de
ISBN 978-3-8392-1241-7
326 Seiten, 12 x 20 cm
Paperback; 9,90 €

»Ein musikalischer Krimi mit Regionalbezug, der auf wunderschöne Weise die Grenzen zwischen Realität und Fantasie aufhebt.«

Nikolaus Romanowsky fühlt sich als Erbfolger des Zaren Peter III. und plant, sich zum Herrscher eines neuen, geeinten Zarenreichs emporzuschwingen. Als Pächters der Fasaneninsel, die im Eutiner See nahe dem Schloss liegt, spinnt er seine Intrigen und beseitigt alle, die ihm im Weg stehen. Inspektor Kroll kommt in seinem neuen Fall nicht so recht voran. Doch er erhält unerwartete Hilfe von der blinden Pianistin Viviana. Inspiriert durch die Musik von Carl Maria von Weber hilft sie dem Inspektor in ihren musikalischen Visionen bei der Entschleierung der Hintergründe und Motive der Verbrechen ...

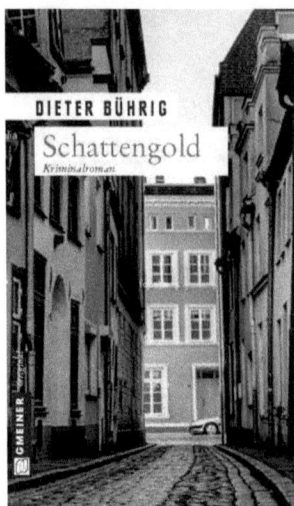

Dieter Bührig
Schattengold
Gmeiner-Verlag
www.gmeiner-verlag.de
ISBN 978-3-8392-1088-8
276 Seiten, 12 x 20 cm
Paperback; 9,90 €

»Fantastisch und überaus spannend«

In Lübeck scheint die Zeit stehen geblieben zu sein. Aina, ein Adoptivkind, das seine Herkunft nicht kennt, lernt bei ihrer Aufnahmeprüfung an der Musikhochschule die Klavierpädagogin Rana Ampoinimera kennen. Diese ist von dem Ausnahmetalent der jungen Frau überzeugt und lädt sie in ihr Haus ein. Aina trifft auf Ranas Ehemann Adrian, einen Goldschmiede- und Uhrmachermeister, und seinen Gesellen Raik.

Doch dann erschüttert eine Serie von mysteriösen Todesfällen die Idylle. Was bedeuten die fremden Worte auf den Zetteln, die man bei den Toten findet? Kriminalinspektor Kroll ist ratlos ...

Dieter Bührig
Die verschollene Jungfrau
Gmeiner-Verlag
www.gmeiner-verlag.de
ISBN 978-3-8392-1294-3
310 Seiten, 12 x 20 cm
Paperback; 12,90 €

**»Skandal um eine verschwundene Jungfrau.
Wo ist die fünfte Törichte geblieben? Ein
Restaurator verliert sich im Schicksal der
Jungfrau.«**

Ein junger Restaurator wird mit der Restauration der
Sandstein-Figurengruppe der Klugen und Törichten
Jungfrauen im Lübecker St. Annenmuseum beauf-
tragt. Sie gehörte einst zur Ausstattung der Burgkir-
che, die 1818 abgerissen wurde. Doch seither fehlt
eine der Figuren. Was ist aus ihr geworden? Der
Restaurator verliebt sich in die anmutigen Törichten.
Sie verraten ihm ihr Schicksal, ein Lied von Liebe
und Tod, Anpassung und Widerstand, Ehrgeiz und
Verrat...

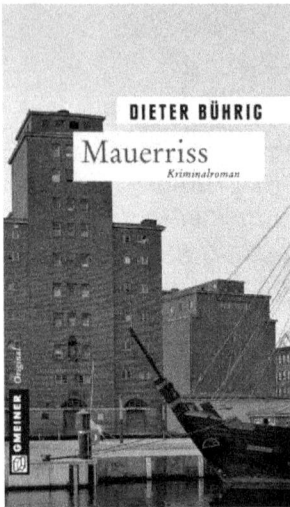

Dieter Bührig
Mauerriss
Gmeiner-Verlag
www.gmeiner-verlag.de
ISBN 978-3-8392-1621-7
273 Seiten, 12 x 20 cm
Paperback; 9,99 €

**»Der Traum vom dritten Weg -
Menschen zwischen den Mühlensteinen der
Geschichte«**

1989: Die DDR hat abgewirtschaftet. Korrupte Funktionäre bereichern sich durch staatlichen Kunstraub und Enteignung privater Antiquitäten. Wahlfälschungen bringen das Fass zum Überlaufen. Wie soll es weitergehen? Das Regime will den realen Sozialismus reformieren, die Gegner fordern die Wiedervereinigung unter kapitalistischen Vorzeichen. Doch Christian träumt von einem dritten Weg, vom demokratischen Sozialismus. Und privat muss er sich zwischen Beata und Dorisa entscheiden. Wem wird er folgen?

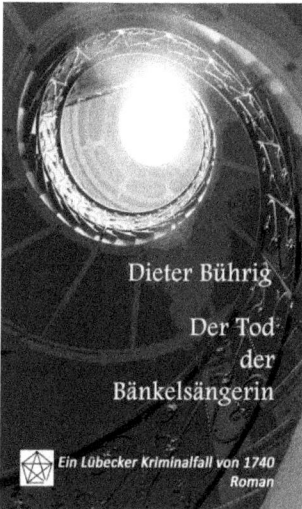

Dieter Bührig
Der Tod der
Bänkelsängerin
Eckpunkt-Verlag
www.eckpunkt-verlag.de
ISBN 978-3-00-049406-2
309 Seiten, 12,5 x 20,2 cm
Paperback; 9,99 €

**»Die Glut im Kopf -
Ein spannender Einblick in das Leben vor 300
Jahren«**

Was heute der Fernsehreporter ist, war früher der
Bänkelsänger. Unterstützt von Bildtafeln singt er von
Gräueltaten und Kriegswirren, um sein Publikum zu
unterhalten und moralisch zu belehren. Doch wehe,
er verlernt es, zwischen seiner Bilderwelt und der
Wirklichkeit zu unterscheiden, und begeht im Wahn
selbst eine Gräueltat. So wie Friederike Louise von
Rantzau. Trotz mehrerer Schicksalsschläge und einer psychischen Krankheit gelingt es ihr, sich immer
wieder hochzurappeln. Denn sie hat eine starke Waffe: ihr musikalisches Talent. Bis sie eines Tages dem
zwielichtigen Leutnant Seecki begegnet.

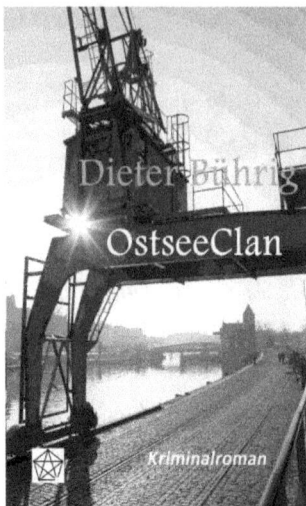

Dieter Bührig
OstseeClan
Eckpunkt-Verlag
www.eckpunkt-verlag.de
ISBN 978-3-00-054326-5
253 Seiten, 12,5 x 20,2 cm
Paperback; 10 €

»Ostseestrand – Mafialand«
Eine spannende Jagd durch die Lübecker
Bucht und politisch ein brisantes Thema.

Italienische Mafiagruppen nutzen die Ostseeregion als Durchgangsland für ihren Waffen- und Drogenschmuggel und investieren kriminell erworbene Gewinne in zweistelliger Millionenhöhe in den Erwerb von Ackerland und Immobilien, um auf diese Weise ihr Schwarzgeld zu waschen. Wehe dem, der ihnen in die Quere kommt, wie etwa der Straßenmusiker Terry.

www.ingramcontent.com/pod-product-compliance
Lightning Source LLC
LaVergne TN
LVHW051624080426
835511LV00016B/2152